Ullstein Sachbuch

Ullstein Sachbuch
Ullstein Buch Nr. 34268
im Verlag Ullstein GmbH,
Frankfurt/M – Berlin

Um ein Kapitel erweiterte
Taschenbuchausgabe

Umschlagentwurf:
Hansbernd Lindemann
Unter Verwendung eines
Fotos von R. Nehberg
Alle Rechte vorbehalten
Taschenbuchausgabe 1985
Mit freundlicher Genehmigung
der Ernst Kabel Verlags GmbH,
Hamburg
© 1983 by Ernst Kabel Verlag GmbH,
Hamburg
Printed in Germany 1988
Druck und Verarbeitung:
Ebner Ulm
ISBN 3 548 34268 X

April 1988
16.–20. Tsd.

Weitere Bücher von
Rüdiger Nehberg im
Ullstein Verlag:

Drei Mann, ein Boot, der
Blaue Nil (Nr. 34105)
Drei Mann, ein Boot, zum
Rudolfsee (Nr. 34138)
Die Kunst zu überleben –
Survival (Nr. 34209)
Let's fetz (Nr. 34352)

CIP-Titelaufnahme
der Deutschen Bibliothek

Nehberg, Rüdiger:
Yanonámi: Überleben im Urwald /
Rüdiger Nehberg. Mit 1 Kt. u. 18 Farb-
aufnahmen d. Autors. – Um e. Kap. erw.
Taschenbuchausg., 16.–20. Tsd. –
Frankfurt/M; Berlin: Ullstein, 1988
   (Ullstein-Buch; Nr. 34628:
   Ullstein-Sachbuch)
   ISBN 3-548-34268-X
NE: GT

Rüdiger Nehberg

Yanonámi

Überleben im Urwald

Mit einer Karte und
18 Farbaufnahmen des Autors

Ullstein Sachbuch

Der Autor:

Rüdiger Nehberg, geb. 1935, ist Konditormeister und Bäcker, im Nebenberuf jedoch Survival-Experte und Abenteuerreisender. Seine Erstbefahrung des Blauen Nil und die Durchquerung der Danakil-Wüste machten ihn berühmt, sein Buch »Die Kunst zu überleben – Survival« (Ullstein-Tb. Nr. 34209) wurde ein absoluter Bestseller.

Inhalt

Erst wenn der letzte Baum gerodet,
der letzte Fluß vergiftet,
der letzte Fisch gefangen,
werdet ihr feststellen,
daß man Geld nicht essen kann.

Prognose nordamerikanischer Indianer
und eines der Leitmotive von Greenpeace

Vorwort

Eigentlich wollte ich nur einen erlebnisreichen Marsch durch unbekannten Urwald machen. Ich wollte freie Indianer aufspüren, mich ihnen anschließen und mit ihnen durch die Jagdgebiete streifen. Dabei wollte ich Ausschau halten nach einem Buchstoff. Nicht »unter allen Umständen«, sondern zwanglos. Denn ich lebe nicht vom Reisen. Ich betreibe einen Handwerksbetrieb in Hamburg: eine Konditorei mittlerer Größe.

Doch schon bei der Planung spürte ich, daß ich mehr erleben würde als »nur eine Wanderung« zu den »letzten freien Indianern«. Zu widersprüchlich waren nämlich die internationalen Publikationen. Sprachen die einen von der Errungenschaft eines »Yanonámi-Reservats«, so hörte man von anderer Seite Vorwürfe wie »Völkermord«. Und mein Gespür trog mich nicht. Mit jedem Schritt durch den Dschungel verschoben sich die Schwerpunkte der Reise. Die Yanonámi-Problematik gewann Oberhand, mein Marsch wurde zur Nebensache, obwohl ich mit den Indianern dasselbe Problem hatte:

Das Überleben im Urwald.

Bedingt durch die abenteuerliche Art meiner Reisen und insbesondere dieses Marsches laufe ich natürlich auch mit diesem Buch Gefahr, als Selbstdarsteller zu erscheinen, und es kann mir den Ruf eintragen, sensationsheischend zu sein und der Indianerproblematik einen schlechten Dienst zu erweisen. Wenn ich diese Problematik dennoch mit meinem Marsch zu einem Abenteuer-Sachbuch verwoben habe, dann deshalb, weil ich hoffe, gerade durch den roten Faden des selbsterlebten Abenteuers die Tragik der Yanonámi viel eher und einem weit größeren Leserkreis näherzubringen, als dies ein reines Sachbuch je könnte.

Ich habe mich bemüht, die Beobachtungen sachlich darzustellen, ohne Übertreibung und Polemisierung. Dabei wurde mir klar, es ist unmöglich, objektiv zu sein.

Doch wenn es mir mit diesem Buch nur ein wenig gelingt, zu verdeutlichen, wie verzweifelt der Kampf der Yanonámi – und mit ihnen der Kampf aller Indianer – ums Überleben ist und wie ungeheuerlich groß die sie bedrohende Gefahr ist, dann will ich zufrieden sein.

Rüdiger Nehberg

Warnungen

»Du bist verrückt. Dir verdanke ich ein Magengeschwür!«
(Mutter, Grainau)

»Der Alleintrip, den du vorhast, hat erschreckende Parallelen zu dem eines jungen Amerikaners von vor zwei Jahren: Er tauchte nie wieder auf.«
(Karl Brugger, ARD-Korrespondent, Rio de Janeiro)

»Zu zweit ja. Allein niemals. Und ich kenne den Wald.«
(Oswaldo Prader, Garimpeiro [Goldsucher], Manáus)

»... dringend abraten, allein zu fahren, sondern nur in Begleitung eines oder mehrerer Indianer, weil Indianer umherschweifen, die Weißen gegenüber* feindlich eingestellt sind ... gern bereit, persönlich mit Ihnen über alle Probleme zu sprechen ...«
(Dr. Hans Becher, Direktor der Völkerkundeabteilung am Niedersächsischen Landesmuseum in Hannover)

»... der Indianerstamm tötete die ganze Familie ... Sie sind sehr wild, sehr mißtrauisch und auf jeden *Mann* eifersüchtig ...«
(Maria Brachmann, Großenkneten, über einen Zwischenfall, in dem ihre Bekannte, die Missionarin Hedwig Anselm, zu vermitteln versuchte. Die Ursache für das Gemetzel lag bei weißen Siedlern.)

»... jede Besuchs- oder Forschungsreise muß direkt mit der brasilianischen Regierung (FUNAI) abgesprochen sein.«
(Deutsche Missions-Gemeinschaft, Sinsheim)

»...«** FUNAI (Fundaçao Nacional dos Indios), Brasilia, auf meinen Antrag.

Solche Warnungen kennt sicher jeder, der sich an ein Vorhaben wagt, das etwas abseits aller Klischees liegt. Deshalb sehe ich sie auch gar nicht als Warnungen. Eher schon als Pflichtübungen der Warner oder als deren Vorsichtsmaßnahme gegen eventuelle spätere Vorwürfe. Mehr aber noch sind sie für mich Ratschläge von gutmeinenden Freunden. Zuneigungsbeweise, die mich freuen. Vor allem aber analysierte ich die Warnungen, die jeder anführte, und baute dementsprechend meine Vorsichtsmaß-

* welch Wunder
** keine Antwort

nahmen aus. Man könnte auch sagen, »je dringender die Warnungen, desto wertvoller die daraus ableitbare Konsequenz« und desto höher aber auch der Reiz, die angesprochenen Probleme meistern zu wollen. Wohl eine Art Trotzreaktion.

Ich muß auch ehrlich zugeben, daß sich mit dem Trotz auch ein wenig Angst bei mir einschlich. Welch Wunder auch, wenn man nur Negatives hört und keine Zustimmung zu finden ist. Ich spürte meine Beunruhigung dadurch, daß ich mich plötzlich vorm Schreibtisch fand und mein Testament auf den neuesten Stand brachte, daß ich für meine langjährigen Mitarbeiter Sicherheitsvorkehrungen zur Erhaltung ihres Arbeitsplatzes traf und daß ich plötzlich zu allen Menschen besonders freundlich war. Eine Unruhe, eine Nervosität, wie ich sie eigentlich vor jeder Reise verspüre, die aber diesmal stärker war wegen der Pessimisten um mich herum, und weil ich allein gehen würde.

Das Vorhaben

Um was ging es denn überhaupt?

Da war zunächst das Abenteuer. Das Abenteuer, allein tagelang durch den Urwald zu stapfen und – mit Glück – auf einige der letzten freien Indianer zu stoßen. Auf einige Yanonámi im Nordwesten Brasiliens. Es war nicht nur der Umstand, daß sie die letzten freien Indianer sind, sondern es waren auch deren ungewöhnliche Sitten und Gebräuche, die mich neugierig machten.

Dazu kam dann, daß ich im Zusammenhang mit den Yanonámi auf viel Widersprüchliches stieß. Da hieß es:

- »FUNAI hat die Flüsse gesperrt, um den Indianern den verdienten Frieden zu gewähren«;
- »Das Überfliegen des Yanonámi-Territoriums ist strikt verboten, um die Yanonámi nicht zu beunruhigen.«
- »FUNAI setzt sich zur Wehr gegen illegale Goldsucher.«
- »Gesetzesvorlage zur Gründung eines Yanonámi-Parks verabschiedet.«

Und von anderer Seite war zu hören, zu lesen:

= »Die Sperren sind nur, um die Missionen ungestört arbeiten zu lassen.« Indianer Gabriel Gentil
= »Missionare beteiligt am kulturellen Völkermord« Gesellschaft für bedrohte Völker
= »FUNAI operiert gegen die Indianer« CIMI (Conselho Indigenista Missionário, Rat für Indianer-Mission, kath. Kirche)
= »3000 Goldsucher stoßen vor ins Yanonámi-Reservat.«
= »Straßenbau durch Yanonámi-Gebiet«
= »Yanonámi-Massensterben durch Masern«

Ich wollte mir ein eigenes Bild machen. Neben dem Abenteuer war dies das andere starke Reisemotiv.

Daß man in ein derart umstrittenes Gebiet nicht ohne weiteres und vor allem nicht ohne Beziehungen einreisen kann, ist klar. So schrieb ich 1½ Jahre vor der Reise, am 2. April 1981, an die FUNAI in Brasilia, ob wohl die Chance... und so weiter. Keine Antwort. Nicht anders erging es der zweiten Anfrage, 3 Monate später. Daß man mir keine Einreisebewilligung erteilen würde, war mir klar, denn ich konnte keinen triftigen Grund nennen außer »eine Fotoreportage erstellen«. Schließlich wollte ich nur schauen und schnüffeln. Und wenn man seitens der FUNAI »solchen grundlosen Anträgen« (FUNAI-Büro, Manáus bei meiner Ankunft) nachgäbe, »würde man ganze Völkerwanderungen auslösen«. Morgen kämen die Orchideen-Fritzen, die Humusbodenstärke-Vermesser und andere Entdecker.

Daß man mir keine Erlaubnis erteilen würde, war also von Anfang an ziemlich klar. Die Antragstellung war aber ein Weg, den ich unbedingt der Form halber gehen mußte. Nur, daß man gar nicht antwortete, hat mich gewundert. Kenner der FUNAI erstaunte das weniger: »Das hätten wir dir gleich sagen können.« Keine Organisation stand hinter mir, keine prominente Persönlichkeit. So mimte ich später den »Schlangenforscher«, der einen »Beitrag zur Behebung der Knappheit an Sera gegen das Gift der Buschmeisterschlange leisten« wollte. So etwas hat wissenschaftlichen Touch.

Irgendwann stand dann endgültig fest, daß ich illegal einreisen würde. Bis Manáus am Rio Negro würde das kein Problem sein. Ich kannte die Stadt. Von dort hoffte ich, aus einer kleinen Chartermaschine mit dem Fallschirm irgendwo in den Wald springen zu können. Das scheiterte aber bereits in den Anfängen, als Freunde für mich vor Ort diesbezüglich Kontakte aufnahmen. Es fand sich kein einziger der als verwegen bekannten Piloten dazu bereit, mich einzufliegen. Aber verständlich wiederum, denn der Luftraum wird genau überwacht. Selbst Linienmaschinen in großer Höhe müssen diesen Luftraum meiden. »Und würden wir dennoch fliegen, dann verlieren wir die Lizenz«, wie sie mir alle einhellig versicherten. Schade, aber unabänderlich. Es blieben ja immer noch die Flüsse. Die Sperren mußten über andere Flüsse umfahren oder zu Fuß umgangen werden. Und Umgehen bedeutete vor allem, besonders beweglich zu sein, mit dem Urwald fertig zu werden und notfalls lange Zeit auch ohne Ausrüstung auszukommen. Auf diese Punkte konzentrierte sich nun meine Planung, denn so, wie sich mir alles darstellte, würde ich laufen müssen, tage- oder gar monatelang. Mit oder ohne Kontakt zu Menschen.

Grunderfahrung mit dem Urwald hatte ich. Ich war bereits je einmal in Venezuela und in Brasilien gewesen und habe mich speziell für die Wälder interessiert. Beweglich würde ich sein, solange ich allein blieb und mein Gepäck auf das reduzierte, was ich auch selbst tragen konnte. Lebensmittel schieden von vornherein aus. Nahrung wollte ich im Wald suchen. Das ersparte mir einerseits so manches Kilo Gepäck, erhöhte aber auch gleichzeitig das Risiko. Würde ich ohne Waffen genügend jagen können? Würde ich nicht schon nach 3 Tagen vor Hunger leistungsunfähig werden? Und dann die Einsamkeit. Wie würde ich damit umgehen können?

Im kleinen Stil und in heimischen Gefilden hatte ich im Rahmen meines Überlebenstrainings für andere Reisen schon mal eine Woche ohne alles im deutschen Wald verbracht. Aber damals hatte ich meistens im molligen Unterschlupf gelegen, mich kaum von der Stelle gerührt und gelesen.

Die Lösung meiner Probleme fanden Freunde: »Dann erweitere den Test doch! Geh noch einmal in den Wald. Versuch's mal zwei Wochen oder drei.« Und im Rahmen eines »brain stormings« bei einem Gläschen Matéus rosé wurden die Pläne konkreter. Dem Weinschwips entsprechend.

Der Deutschlandmarsch

Die Idee

Die Idee war so verrückt wie beängstigend, und der »Matéus rosé« war schuld daran.

»Was willst du denn jetzt statt einer drei oder vier Wochen im Wald vergammeln? Du mußt nebenbei Leistung erbringen. Zum Beispiel 50 km pro Tag laufen!« Das war die Idee. Das schlug dem Faß den Boden aus. Das war der Deckel für den Pott. Vier Wochen aus der Natur leben und dabei täglich 50 km laufen!

Der Plan wurde schnell konkret:

● Tausend-Kilometer-Marsch, von Hamburg nach Oberstdorf
● ohne Nahrung
● ohne Geld
● ohne nennenswerte Ausrüstung
● ohne Gesetze zu verletzen

»So als wärest du irgendwo ausgerissen und müßtest nun durch ein feindliches Land. Oder du bist mit dem Flugzeug abgestürzt und mußt dich 1000 km zur Zivilisation durchschlagen.«

Die weitere Diskussion zeigte, daß man natürlich unter solchen Bedingungen einen Nord-Süd-Deutschlandmarsch versuchen konnte, aber daß es dennoch möglich war, zu mogeln. Deutschland ist nicht der Urwald. Es ist eines der wohlhabendsten Länder der Erde. Auf den herbstlichen Feldern würden sich die Ernten türmen wie die Angebote in den Supermärkten. Man könnte vor allem nachts stehlen oder wildern. Also mußten bestimmte ›Verbote‹ für mich her. Denn wenn ich mich selbst beschummeln wollte, dann brauchte ich gar nicht erst loszugehen. Dieser Marsch sollte ein Training sein, eine Vorbereitung, um dann in Brasilien unter Live-Umständen ähnliches nachvollziehen zu können.

Wir legten fest, daß auch »Tricks nicht gelten« dürften. Also durfte ich auch nicht die Papierkörbe auf Schulhöfen leeren,

Müllcontainer filzen oder mich in Bäckereien bewerben, um beim Vorstellungsgespräch Kaffee und Kuchen »abzustauben«.

Das Betteln verbot sich, Mundraub ebenfalls.

Ich wollte auch die Naturschutzgesetze respektieren. Das hieß, daß z. B. lebende Frösche tabu waren.

Und noch mehr wurde festgelegt:

Wenn keine Brücken in der Nähe waren, mußten Flüsse durchschwommen werden, keinen Meter war das Trampen gestattet.

Übernachtungen sollte es nur im Freien geben, d. h. in selbstgebauten Unterkünften; Häuser oder Scheunen schieden aus.

Ich sollte nur einen dünnen Overall tragen, Strümpfe, Turnschuhe, Unterhose, Unterhemd, Pudelmütze (als Haarersatz). Sonst nichts. Kein Zelt, keinen Schlafsack, kein Messer, keinen Topf. Würde ich krank werden, sollte ich mir ebenfalls selbst helfen. Auf einen Nenner gebracht war das: »Ein überraschendes Abenteuer vor der Haustür«, wie es eine Zeitung nannte. »Völlig kostenlos, nachvollziehbar für jedermann«, fand eine andere. »Ein reiner Charaktertest«, meinte Dr. Helmut Scheele aus Lübeck, den ich um Rat gebeten hatte. Er mußte es wissen, denn jahrelang hatte er ein Heilfasten-Sanatorium geleitet – Kuren mit Null-Diät bis zu 30 Tagen (allerdings ohne zusätzliche Arbeitsleistung). Von ihm, dem Fachmann, erhielt ich auch bereitwillig und bei unvergeßlich gutem Mokka aus Silbergeschirr den Trost: »Hungergefühl verschwindet spätestens am dritten Tag. Aber vor allem ist Ihr Marsch eine Charakterfrage: Sie besitzen in Ihrem Hirn ein Hunger- und ein Sättigungszentrum. Und dazwischen liegen der Charakter, die Disziplin. Aber Sie werden es schon schaffen, weil Sie ein Besessener sind*. Bei Patienten ist das anders. Die kommen oft nur, weil die Krankenkassen die Kuren bezahlen. Aber Ihr simulierter Überlebensmarsch ist, so meine ich, strenger als die Praxis. In der Praxis, also im Notfall, würden Sie sehr wohl rauben, betteln und wildern und das auch dürfen. Was Ihren Trip aber härter macht, ist

---

* Wie man doch so eingeschätzt wird!

die Tatsache, daß Sie den Wohlstand ignorieren müssen. Sie müssen an all den Herrlichkeiten vorbeipilgern und dürfen nichts anrühren. Und da können Sie Charakterstärke beweisen!«

Der Mokka war inzwischen von einem Gläschen Sekt abgelöst worden. »Lassen Sie ihn sich gut schmecken! Und vielleicht darf ich Ihnen noch einen letzten Rat mit auf den Weg geben: Ihr Problem ist gar nicht so sehr das Fasten. Wichtig ist der Moment, in dem Sie wieder anfangen zu essen. Merken Sie sich diesen Rat: Fasten kann jeder Narr, aufbauen nur der Weise!«

Ja, ich war zunächst losgezogen, Ratschläge zu sammeln. Dr. Scheele war einer von vielen, aber ein sehr wesentlicher Ratgeber. Dann durchstöberte ich Heilkräuter- und Wald- und Wiesenbücher, um mich über die eßbaren Pflanzen zu informieren. Alles, um mein Wissen um die heimische Flora wieder aufzumöbeln, um mir die Illusion zu gönnen: Wald und Wiesen stehen voller Nahrung. Du brauchst nur abzuräumen.

Christine Schmidt, ZDF

In genau diese Vorbereitungsphase platzte Christine Schmidt, Redakteurin beim ZDF im Studio Hamburg.

»Ich habe von Ihren verschiedenen Unternehmungen gehört. Ich habe auch Ihre Bücher gelesen, und dabei ist mir die Idee gekommen, ein Portrait von Ihnen zu drehen. Was halten Sie davon?«

Nun, wer könnte dagegen sein? Ich jedenfalls nicht.

Christine Schmidt war und ist schlank, auffallend tizianrothaarig und quicklebendig, allerhand Jahre jünger als ich, wenn auch nicht im Alter meiner Tochter. Bei Kaffee und Kuchen – wobei auch sonst? – (ach ja, allerhand Zigaretten ihrerseits!) erkundigte sie sich zunächst einmal taktvoll behutsam, was ich überhaupt konkret an Filmenswertem zu bieten hätte.

Nun ja – da waren das Überlebenstraining und Ausschnitte von verschiedenen Reisefilmen.

Das alles wurde in langer Sitzung ausführlich erzählt und vorgeführt.

»Ich finde, da kriegen wir aber bequem 45 Minuten zusammen!«, addierte sie schließlich. Was haben Sie überhaupt als nächstes vor?«

Ich mochte es kaum sagen. Denn es war ja weder – noch. Es war ja nur »ein simpler Marsch durch Germanien, wenn auch unter erschwerten Bedingungen«. So und detaillierter erklärte sie es zwei Tage später in der Redaktions-Konferenz zu Mainz den ZDF-Kollegen, was ich ihr berichtet hatte. »Rüdiger, du glaubst nicht, was das für eine Reaktion ausgelöst hat! Spontanes, einmütiges Resultat: ›Das ist das Verrückteste, das wir seit langem gehört haben. Das Ding drehen wir.‹«

Und auf einmal hatte ich einen Vertrag mit dem Fernsehen. Damit ich nicht doch mogeln könnte, beschlossen wir aus »Gründen der Glaubwürdigkeit« einen vereidigten Zeugen mitzunehmen, der mich rund um die Uhr bewachen mußte. Und was lag da näher, als die Bundeswehr um die Abstellung von Einzelkämpfern zu bitten. Aber daraus wurde nichts. Vertrösten hier, Vorgesetzten fragen dort, nach Bonn telefonieren – Endresultat: »Tut uns leid!« Vielleicht eine verständliche Entscheidung der Heeresleitung, weil das womöglich zu einem Wettstreit Soldat gegen Privat-Heini hätte führen können. Nun, das ging natürlich nicht, und ein Wettstreit war ja auch nicht Sinn der Sache.

Der Leibwächter

Da stießen wir auf Klaus Lucht. Er ist Jung-Arzt und Junggeselle, kurz über dreißig, Leistungssportler und so schlank wie zäh. Er war gerade mit dem Staatsexamen fertig und hatte vor allem Zeit und Lust, mich zu begleiten. »Das finde ich gut. Naturnahe Ernährung, natürliche Heilmittel, Konditionsverlauf bei ungenügender Ernährung – interessant. Außerdem ist die Wanderung eine sportliche Herausforderung.« Klaus war mir gleich sympathisch.

»Ich werde mich zwar auch mit dem Essen einschränken, aber mir Nahrung mitnehmen und unterwegs für mich einkaufen. Denn so sehr viel werden wir sicher nicht finden, daß es für zwei reicht, und ich möchte nicht als dein Nahrungskonkurrent auftreten. Außerdem werde ich ab und zu mit dem Fernseh-Team im Wagen mitfahren.«

Es sei schon vorweg verraten:

Einen besseren als Klaus hätte ich nicht finden können. Durch sein gewaltiges Allgemeinwissen und sein Interesse an allen möglichen Themen hatten wir ununterbrochen Gesprächsstoff. Ich habe viel dazugelernt. Vor allem auch in puncto Heilkunde, und da wieder speziell die Naturheilkunde, die mich im Hinblick auf Brasilien besonders interessierte.

Ich hatte Klaus eigentlich zufällig kennengelernt. Ein Freund hatte ihn anläßlich eines Besuches mitgebracht. Ich hatte gerade eine Boa Constrictor erworben und war auf dem Wege, sie in meinen Schlangenraum zu tragen (Schlangen sind mein Hobby). Mehr spontan als absichtlich drückte ich Klaus das Tier ohne Ankündigung in die Hand und sagte: »Halt mal eben!«

Normalerweise muß ich in solchen Fällen aufpassen, daß der Betreffende das Tier nicht vor Schreck fallen läßt. Aber Klaus hielt sie wie ein Stück gutes Seil und sagte, ruhig wie ein Tierarzt, der sich damit auskennt: »Du, die ist aber hübsch!« Wer wird es mir da verübeln, daß ich Klaus auf Anhieb sympathisch fand?!

Es geht los

31. August 1981. Hamburg: Mönckebergstraße. Acht Uhr dreißig.

Das ZDF-Kamerateam drehte den Start. Ein paar Freunde verabschiedeten mich, als ob es auf eine große Reise ginge. Ich war sehr aufgeregt. Dreimal mußte ich zur Toilette. Schaffte ich es wirklich oder klappte ich zusammen? Eines stand fest: Die Blamage des Aufgebens konnte ich mir niemals leisten. »Survivalbücher schreiben und nicht mal solche Lappalie zustande bringen!« hörte ich die Unken schon munken. »Rüdiger, so darfst du nicht denken«, tröstete mich Christine. »Wenn du nur die Hälfte schaffst, ist das für uns bereits Stoff genug.« Okay, sie wäre ja auch nicht die Blamierte, der wäre allein ich. Für ihren Film hatte sie bereits ein paar spleenige Episoden des Überlebenstrainings gefilmt:

- das Klettern an meinen nachgebauten »Alpen«, einem 18 m-Schornstein mit künstlichen Hindernissen aus Metall, wie Spalten, Griffchen, Trittchen, Überhang
- den Fang von Enten ohne Waffen – indem ich mittels Tarnkappe selbst zur Ente wurde
- den Fang von Wildschweinen mit bloßen Händen, indem ich in der Suhle vergraben wartete, bis sie über mich hinwegstapften
- oder das »Abjagen von Beutetieren«: Dem Sperber die geschlagene Maus fortzunehmen, dem Fuchs den Hasen, dem Bussard die Taube. Und ich nahm einer Ringelnatter den Frosch aus dem Magen.

Verständlich, daß da später mancher Fernsehzuschauer vom Stuhl rutschte wie Claudios (14 J.) Mutter (Leserbrief): »... Ihr Film lief genau an meinem Geburtstag. Das stärkste war, als Sie der Schlange den Frosch aus dem Magen klauten! Da rutschte meine Mutter ganz langsam vom Stuhl und wurde ohnmächtig. Das war mein schönstes Geburtstagsgeschenk.« So einfach ist es, Freude zu bereiten!
Und nun meinte Christine, ich brauchte nicht unbedingt Oberstdorf zu erreichen! Na klar, dachte ich, für den Film war es tatsächlich egal. Er würde vielleicht beim Zuschauer statt des »Alle Achtung« – den »Haha-Effekt« auslösen, aber ich selbst stünde ganz schön bedeppert da. Und diesen Spaß wollte ich niemandem gönnen. Man hat da so seinen Ehrgeiz und – – – das

autogene Training. Immer wieder hämmerte ich mir ins Unterbewußtsein: »Du läufst durch ein feindliches Land.* Erst in Oberstdorf ist die Gefahr gebannt.« Wenn man das schließlich glaubt, gibt es so schnell kein Zurück. Und so stand ich am Morgen des 31. August in Hamburgs City und kam mir ein wenig skurril vor: Im Overall, am Gürtel

● einen Grabstock zum Würmerausgraben
● in der Tasche ein Holunderröhrchen zum Trinken aus kleinsten Pfützen
● ein Stückchen Flintstein als Messer und, als einziges Zugeständnis an die Zivilisation, eine Allround-Aluminium-Folie.

Während wir die Start-Szene drei- oder viermal abdrehen mußten, wärmten sich meine Freunde bei einem Kaffee im Stehausschank.

»Komm rein«, meinte sogar Christine. »Kaffee enthält keine Kalorien. Und das ist der letzte Trunk in der Zivilisation.« Aber ich lehnte ab. Wo sollte das hinführen, wenn ich schon beim Start schwach wurde?! Und außerdem, befand ich im stillen, enthielt heißer Kaffee sehr wohl Kalorien in Form seiner Hitze.

Ich war nervös. Ich wollte los.

Die Taktik

Morgens hatte ich nur noch schnell eine Tasse Müsli gegessen. Das war alles. Schon Tage vorher hatte ich eigenartigerweise gar keinen rechten Appetit verspürt. »Friß dir vorher ein paar Kilo Fett an«, hatte mir mancher geraten. Aber ich zog lieber Dr. Scheeles Rat vor: »Belasten Sie Ihren Organismus nicht unnötig mit zuviel Speck. Jedes Kilo Übergewicht kostet schließlich

---

* Wenn du umkehrst, läufst du ins Verderben.

auch ein Mehr ein Energie, das Sie benötigen, um das Übergewicht betriebsbereit zu halten und es vorwärts zu bewegen.«

Mein Startgewicht lag bei 75 Kilo. Davon waren 3 Kilo überflüssiges Fett. Das weiß ich, weil ich diese 3 Kilo auf jeder Reise abspecke.

Und drei Kilo reines Fett enthalten rund 24 000 Kalorien. Da ich etwa 3000 pro Tag benötige, um betriebsbereit zu bleiben, so könnte ich allein vom eigenen Fett 8 Tage laufen.

Klaus Lucht dämpfte diese meine Milchmädchenrechnung. »So einfach ist das nicht. Um aus Fett Energie zu machen, muß es vom Körper umgewandelt werden, und allein für diese Umwandlung geht einiges an Kalorien verloren.«

Nun denn, dann müßte ich halt ein paar Grashüpfer mehr essen. Wichtig war, jetzt nicht unnötig Energie zu vergeuden. Da der Mensch sehr viel Körperwärme über den Kopf verliert (besonders intensiver Kreislauf) und mir dort die natürliche Isolation, die Haare, im Laufe meines 47jährigen Lebens abhanden gekommen ist, trug ich eine Pudelmütze. Ein Huthändler in Hamburg: »Der Hut ist wie der Deckel auf dem Topf mit kochendem Wasser. Ohne Deckel braucht das Wasser viel länger, ehe es kocht; ohne Hut steigt Ihre Hitze in den Himmel.«

Meine Taktik war die, täglich nur so viel an Nahrung zu sammeln, wie ich mühelos ergattern konnte. Das lag, wie sich herausstellte, oft nur bei 600 Kalorien. Sie reichten, um den Verdauungsapparat zu beschäftigen, ihn in Gang zu halten. Ich hatte etwas Betriebsstoff, und mein Körperfett hatte Zeit, sich abzubauen und in Wärme und Kraft umwandeln zu lassen.

Würde ich infolge Hungers in Panik geraten und täglich bemüht sein, 3000 Kalorien zu sammeln, würde ich kaum von der Stelle kommen. Die Nahrungssuche würde mich täglich 5–10 Stunden Zeit kosten. Statt geplanter 3 Wochen liefe ich dann womöglich zwei Monate, käme in den kalten Winter und brauchte logischerweise noch mehr Nahrung, als ich jetzt schon benötigte.

»Hunger ist Hysterie des Körpers«, wußte ich von Scheele. »Nur Durst ist echt. Da müssen Sie nachgeben.«

In dieser Mathematik war auch das warme Nachtlager wichtig. Je wärmer, desto weniger Nahrung benötigte ich als Ausgleich für die fehlende Bettdecke.

Das erste Lager

Endlich unterwegs, war ich wieder optimistisch. Das Hin und Her der Gedanken normalisierte sich. Der Optimismus gewann Oberhand. Die Sonne schien. Ich kam sogar ins Schwitzen. Energie von außen, ohne mein Dazutun. Was könnte mir Besseres widerfahren.

Nach zwei Stunden des Marsches hatte ich bereits ein bescheidenes Abendmahl in meiner Speisekammer: eine überfahrene Blindschleiche, zwei junge Spatzen (klein, aber oho!) und das Kerngehäuse eines Apfels, das jemand auf die Straße geworfen hatte. Die Ameisen darin waren eine prickelnde und delikate Gratiszugabe.

Zur Speisekammer wurden meine zwei Beintaschen der Hose auserkoren. Rechts lagerte ich das Fleisch und links die Pflanzen. Klare Verhältnisse. Sensible Früchte wie Holunderbeeren aß ich gleich, weil ich mir die Hose nicht verfärben wollte. Man besitzt ja schließlich eine ausgeprägte Eitelkeit.

Am Ufer der Seeve wucherte Pfefferminz, dreifach lobenswertes Kraut: als Tee, als Parfum zum Übertönen des – trotz Badens – täglich zunehmenden Körpergeruchs (infolge Nahrungsreduktion und -umstellung) und als Neutralisator etwaigen Mundgeruchs.

Nach 50 Kilometern, bei Hützel, das erste Lager am Waldesrand. Und gleich unterliefen mir drei Kardinalfehler: Ich wollte die kleine Blindschleiche nicht erst ausnehmen – was bliebe dann noch? – und aß sie im Stück:

Pfui Teufel! Wahrscheinlich lagerte sie Blausäure in ihrem Magen. Ich spie sie aus.

Die Spatzen, in Silberfolie (aus Zigarettenpackungen, die im

Straßengraben lagen) gebacken, hatten überraschend viel zartes Brustfleisch. Der Apfelrest war eine leckere Nachspeise.

Der zweite Fehler war, daß ich die Kälte der Nacht unterschätzt hatte und mich aufs freie Feld legte. Dort fiel, sobald die Sonne untergegangen war, Tau.

Und dieser Tau, Fehler 3, schlug sich auf meiner Folie nieder. Ich hatte diese Metalldecke falsch eingeschätzt. Die Tautropfen erzeugten Verdunstungskälte und bewirkten, daß auch mein Schwitzwasser *unter* der Folie kondensierte.

Das Resultat: Ich wurde naß und mich fror erbärmlich. Die Folie, die sich in gemäßigten Erdenzonen bewährt hatte, versagte hier komplett. Aus der als Hitzereflektor gedachten Folie wurde – bei Tau und Kälte – das Gegenteil: ein Kühlschrank. Daß ich sie nicht fortwarf, lag an dem sonstigen Nutzen, den ich mir von ihr versprach: als Regen- und Windschutz und als Tragebeutel für größere Nahrungsmengen, zum Herstellen eines Schwimmpakets bei Flußdurchquerungen. Diesen Ansprüchen genügte sie dann auch.

Nun, mitten in der Nacht, hier noch ein neues Camp zu bauen, war unmöglich. Es war zu dunkel, um isolierende Pflanzenteile zu finden. Aber es stand sofort fest, daß ich die nächsten »Betten« im Wald bauen mußte, denn Wälder sind taufrei.

Um nicht zu erfrieren, brach ich um 23.00 Uhr auf. Mein einziger Trost: Am besten lernt man aus Fehlern.

Aber ich hatte Glück: Nur wenige hundert Meter weiter lag ein Strohhaufen herum. Fast hätte ich ihn in der Dunkelheit übersehen. Ich kuschelte mich tief hinein und holte den Schlaf und die Wärme nach.

Nahrung

Nahrung und Kälte – das blieben die beiden Hauptsorgen. Die überfahrenen Tiere, die ich mir als Äquivalent für das nichterlaubte Wildern zugestanden hatte, waren längst nicht so zahlreich, wie man als Autofahrer vermutet. Fährt man mit dem Wagen 500 Kilometer am Tag, dann wird man sicher das eine oder andere tote Tier sehen. Als Fußgänger bewältigt man jedoch nur 50 Kilometer, ein Zehntel davon. Und entsprechend selten stößt man auf überfahrene Nahrung. Und selbst wenn ich etwas fand, war damit ja noch nicht gesagt, ob der Fund auch wirklich frisch war. Einmal fand ich fünf Tage lang kein einziges Tier, und insgesamt setzte sich mein »Großwild« wie folgt zusammen: zwei Igel, ein Iltis, mehrere tote Frösche, eine Ratte, eine Katze, ein Eichhörnchen, fünf Spatzen, ein Hund und ein Mischling von Haus- und Wildkaninchen. Ich fand es bei Fulda auf der Straße. Noch lebend, aber am Sterben. Es hatte Myxomatose, jene Kaninchenpest, bei der den Tieren Augen, Nase und Mund vereitern. Sie können nichts mehr wahrnehmen und nicht essen. Sie verhungern qualvoll. In Australien versuchte man mit Hilfe der Myxomatose der Kaninchenplage Herr zu werden. Die Tiere sterben zu Tausenden, aber die überlebenden sind resistent und vermehren sich besonders schnell. Myxomatose ist auf Menschen nicht übertragbar. Deshalb aß ich das Kaninchen. Das Fell wurde ein zusätzlicher Strumpf.

Die Katze bleibt mir in Erinnerung, weil sie unglaublich fett war. Ich freute mich schon auf die Kraftbrühe, die ich in einer gefundenen Konservendose kochen wollte. Doch das Fett löste sich bei 100° C nicht auf. Man hätte es in der Pfanne bei höherer Temperatur »auslassen« müssen.

Auf Klaus' Anraten machten wir aus der Not eine Tugend: Das Fett wurde der Grundstoff zu einer selbstgebastelten Heilsalbe aus Spitzwegerichsaft und eben diesem Katzenfett. Ich bewahrte sie in einem Holunder-Rohr auf.

Iltis und Igel rochen nicht gerade appetitlich, um nicht zu sagen »sie stanken«, aber nach gutem Durchbraten (gegen Trichinen, die alle Fleischfresser haben können) auf einem Grill aus frischen Ästen wurden sie kau- und schluckbar. Das Beste an den meisten Tieren war die Leber.

Sehr lecker: die Frösche. Da lebende unter Naturschutz stehen, blieben mir auch von ihnen nur die überfahrenen und dadurch mitunter sehr flachen. Ich taufte sie »Rana asphalta nehbergii«. Zu deutsch: Nehbergs Asphalt-Frosch, der einzige, der keinen Schutz genießt.

Mit etwas Glück entsprach ein Asphaltfrosch dem Nährwert eines Hühnereies. Ich ertappte mich oft dabei, daß ich, typisch, als Konditor dachte und alles in Eier umrechnete, wie ein deutscher Tourist im Ausland seine Käufe in Deutsche Mark umrechnet. Erst dann hat er einen Wertbegriff, mit dem er etwas anfangen kann. Und genauso ging es mir: ein Frosch – ein Ei. Ein Eichhörnchen – sechs Eier.

Besonderes Glück hatte ich in Spielbach. Mitten im Ort ein öffentlicher Brunnen. Daran ein gastfreundliches Schild: Oh, Wanderer, labe dich von diesem Brunnen!

Das tat ich, denn reines Quellwasser ist selten. Oft mußte ich mich mit Pfützen oder fäkalisierten und verbleiten Strömen begnügen.

Und als ich bei dieser günstigen Gelegenheit mein Spiegelbild betrachtete, sah ich gleich zweierlei: mein mittlerweile (nach zwei Wochen) abgemagertes, gealtertes Gesicht, das aber schlagartig wieder jung wurde, als ich zwei Forellen durch dieses – mein Spiegelbild – schwimmen sah! Zwei Forellen – vier Eier – nur einen Meter vor meinen Augen!

Eins war sofort klar: Mit der bloßen Hand kriege ich die nie raus.

In der Nähe unterhielten sich zwei Bauern. Mitunter blickten sie argwöhnisch zu Klaus und mir rüber. Und das mit Recht. Ich machte wirklich einen suspekten Eindruck: am Gürtel das Eichhörnchen, vor der Brust diesmal ein Sträußchen Kamille als Geruchsschlucker (wer will schon immer nach Pfefferminz riechen?) und überhaupt . . .

Es war mein Glück, daß Klaus stets einen solch guten Eindruck machte: gepflegte Windjacke, dezent khakifarben, blonde gekämmte Haare, Intellektuellen-Brille, Rucksack – »ein netter Wanderbursch«, werden die Bauern von ihm gedacht haben, während ich gewiß in die Schublade »Gammler« eingeordnet wurde.

Aber jedenfalls holten sie nicht die Polizei. Klaus gab mir Deckung, während ich den Stöpsel auf dem Brunnengrund suchte, fand und dann rauszog. Erschreckend laut schlürfend saugte das Wasser in die Kanalisation. Mir dröhnten die Ohren. Verdammter, verräterischer Lärm! Der Gedanke, daß man mir die beiden Fische im letzten Moment streitig machen könnte, löste fast Panik aus.

Aber letztlich hatte ich sie! Ich stopfte sie blitzschnell in die »Fleischtasche«.

Kaum waren wir 500 Meter hinterm Ort, als ich sogar zwei riesige Stücke Alufolie fand – Momente, in denen der Hungernde an Fügung glaubt.

Gemüse? O ja, das gab's auch: Brennesseln, sogenannte »Wilde Möhre«, Bucheckern, Haselnüsse, Sonnenblumenkerne, Fallobst und zweimal sogar Kartoffeln, die auf einer Müllhalde wuchsen. Vor einer Mühle verstreuter Hafer, der zu Kaffee verröstet wurde in einer Pfanne aus Alufolie. Aber da waren auch Königskerzenwurzeln, Quecken, Entengrütze, Fadenalgen, Baumflechten, Champignons, leckere Tees. Immer war die Kost karg, aber oft gab es mehrere Gänge. Man hat ja schließlich Kultur. Zwar band ich mir keine Krawatte um, aber ich besaß eine Universal-Astgabel, die Löffel, Gabel und Kratzstock für den juckenden Rücken gleichzeitig war.

Den Grabstock und auch einen Schlagdorn (eine Art »Schlagring« aus zugespitztem Ast, als Waffe gegen Hunde, die dem Wanderer mitunter arg zu schaffen machen) hatte ich schon am zweiten Tag weggeworfen. Beide waren mehr hinderlich als nützlich. Was ich an »Niederstwild« brauchte, fand ich auch ohne Werkzeug: An warmen Tagen waren es Mengen von Heuschrecken. Ich aß sie roh, einschließlich ihrer hakigen Sprungbeine. Ihr Geschmack erinnerte mich lebhaft an Haselnüsse.

Würmer hingegen wickelte ich um ein Stöckchen und briet sie kurz an oder ich warf sie, wie die Weinbergschnecken, in die Suppe, die sonst häufig keinen Nährwert hatte. In Wasser und Brennesseln ist halt nichts außer der reinen Illusion, etwas

»Wertvolles« im Magen zu haben. In Wirklichkeit war es natürlich nichts anderes, als daß man seine Eingeweide beschäftigte, um deren Verkümmerung zu verlangsamen.

Begegnungen

Eigentlich wollte ich, neben dem Personalausweis, einen weiteren vom ZDF haben. Für den Fall, daß jemand mißtrauisch würde, wenn ich mich »anomal« benahm. Und das kam ja häufiger vor. Aber die juristische Abteilung kannte ihren Pappenheimer: »Es könnte ja sein, daß Nehberg sich sonstwas erlaubt, daß er sich mit dem ZDF-Ausweis eine Art Narrenfreiheit herausnimmt. Vielleicht kauft er sich 'ne Möbelgarnitur oder speist heimlich im First-Class-Hotel.«
Wer solchen Marsch macht, dem darf man auch sonst nicht trauen, werden sie noch gedacht haben.
»Es genügt, wenn er eine Kopie unseres Vertrages vorzeigt.«
Aber ich brauchte den Vertrag nie vorzuweisen. Manchmal war es nur Glück.
Da saß bei Günz die Wiese voller Heuschrecken. »Toll! Nicht wieder so 'n Kantinen-Einheitsessen, sondern zwei Gänge«, frohlockte ich, denn ich hatte scharfäugig grüne und braune Grillen gesehen.
So griff ich mir einen Hüpfer nach dem anderen und steckte ihn komplikationslos in den Mund. Man kann auch sagen: Ich lebte von der Hand in den Mund.
Schon längst spürte ich die Blicke des älteren Ehepaares. »Der fängt Grillen zum Angeln«, wird es zunächst gedacht haben. Und »Der beißt ihnen wohl die Köpfe ab, damit sie nachher am Angelhaken nicht mehr leiden müssen«.
Als sie dann aber wahrnahmen, daß ich die Grillen nach dem Schnelltod nirgends in eine Schachtel steckte, wie jeder Angler es sicher getan hätte, rückten sie sichtlich irritiert ganz eng zusammen und tuschelten.

Ich griff weiter provozierend ein Insekt nach dem anderen. »Was machen Sie denn da?« Der Ehemann hatte sich ein Herz gefaßt. Vielleicht war ich ja ein Verrückter, ein Entlaufener aus der Klapsmühle, einer, dem notfalls auch Schlimmeres zuzutrauen wäre.

»Ich fange Heuschrecken. «

»Sammeln Sie die denn alle im Mund? Haben Sie keinen Beutel?«

»Nein, ich habe Hunger. «

»Mein Gott. ein Verrückter«, entfuhr es beiden.

In diesem Moment tauchte der blaue ZDF-Wagen auf. Die Ehefrau hatte ihn zuerst entdeckt. Christine winkte. Offenbar gehörten wir zusammen, folgerte sie. Sie stieß ihren Mann in die Rippen: »Guck mal, das Fernsehen. « Ihr Blicke wanderten hin und her, zwischen dem Wagen und mir.

Es klickte in ihren Hirnen laut und deutlich. Dann kam der erlösende Schrei, aus tiefster Seele: »Ach so! Das ist so 'n Verrückter vom Film! Dann ist ja alles in Ordnung!«

Oder jene Begegnung bei Königsborn.

Zwei zünftige Wanderburschen kamen mir entgegen. Echte Wanderer, denn sie gingen auf der linken Seite, um den angreifenden Autos rechtzeitig parieren zu können.

»Joa mei, dös is jo dere verruckte Hamburger! Der, wo uuns oalle Wüarma wegfressen tuat. Grüß di'!«

Zwei Oberstdorfer, die genau die umgekehrte Richtung liefen. Nach Hamburg. Allerdings mit Gepäck und Hotel und Essen.

»Habt Ihr keine Probleme mit Blasen an den Füßen?«

»Noa, kloar. Oaber iimmer, wann's oaner a Bloasen hat, muß er einen oausgebe. Und doarum sitze mer halt immer in dene Knaipen!«

Was ich denn so esse, wollten sie wissen.

»Oh, heute habe ich 27 Weinbergschnecken!«

»Joa und wie iißt dann du die?«

»Ich schmeiße sie ins siedende Wasser. «

»Joa – einfoch so ins Wosser – und dann iißt du se goanz ohne Salz und Kraiterbuutter?«

Konstitution

Das schlimmste waren die Füße. Fünf tiefe Löcher pro Sohle. Ich benötigte nach jeder Rast eine geschlagene Stunde, um in »Gang« zu kommen. Gebückt, mit verkrampftem Gesicht, langsam. Ich salbte mir meine Füße mit einer Spitzwegerichsalbe, und tatsächlich waren die Löcher nach 19 Tagen verheilt.

Meine Kondition ließ vom 10. Tage an nach. Das erste verlorene Gewicht hatte den Körper noch entschlackt. Ich fühlte mich wohl und schaffte die täglichen 50 Kilometer. Aber zu guter Letzt mußte ich mein Tempo auf 30 Kilometer pro Tag drosseln.

Der Kreislauf wurde labil. Wenn ich zu schnell aufstand, wurde mir schwarz vor Augen, und ich stürzte hin. Ich verspürte keine Lust mehr zum Scherzen. Die Geistesgegenwart und das Reaktionsvermögen ließen nach, dafür nahm die Müdigkeit zu. Sogar die Libido war vom 17. Tag an total eingeschlummert.

Aber ich erfuhr auch, wie ich im Alter von 70 Jahren aussehen werde. Das stellte ich fest, als ich in Oberstdorf in den Spiegel schaute, besser gesagt: starrte. Um 22 Pfund leichter sah mich ein faltiger, müder und blasser Schädel an. Ich war richtig erschrocken.

Die Ankunft

Eines haben alle Urvölker dieser Erde gemeinsam: die traditionelle, fast heilige Gastfreundschaft. Ob Beduine oder Indianer. Oder die Bayern. Nach 25 Tagen traf ich am 24. 9. um 10.00 Uhr bei Regen in Oberstdorf ein. Und man hatte sich für mich etwas ausgedacht.

Ein Riesentransparent »Oberstdorf grüßt Rüdiger Nehberg« vorm Ortseingang, Alphornbläser, hübsche Mädchen, die endlich mal keinen großen Bogen um mich machten, wie die meisten, denen ich sonst begegnet war, und allerhand Neugierige. Selbst Bürgermeister Geyer und Kurdirektor Besler standen dort mit Schirm, Charme, Milch und einer Riesenbrezel, um mir einen guten Tag zu wünschen.

Ja, man hatte sogar als Hauptüberraschung meine Mutter aus Grainau eingeladen! Da stand ich dann: klatschnaß, ein Häufchen Haut und Knochen, freudig erregt, schlotternd und erinnerte mich, daß ich schon als Dreijähriger meine erste Wanderung gemacht hatte – quer durch Bielefeld, zur Oma, die immer Bonbons hatte.

Einziger, wesentlicher Unterschied: Als ich, vor 44 Jahren, endlich bei meiner Großmutter eintraf, kriegte ich Dresche statt Bonbons.

Hier in Oberstdorf war das anders. Ein herrliches Hotel, freie Kost, Empfang in der Kurhalle und »... anständige Schuhe, damit Sie nicht noch mal in Turnschuhen loslaufen!«

Tja, diese Nordlichter!

Film und Folgen

»Rüdiger, stell dir vor: Dein Film hatte 29 Prozent Sehbeteiligung! Das sind 11 Millionen Menschen.«

Christine sagte »dein Film«. Dabei war er allein ihr und ihres Teams Werk. Mit viel Einfühlungsvermögen und Sorgfalt hatte sie ihn fertiggestellt.

»Soviel hat nicht mal der Kanzler, wenn er seine Wahlrede hält. Der kommt in der Regel auf 25 Prozent. Stell dir das mal vor!«

Ich stellte mir das vor, und wir freuten uns gemeinsam. Der Film war an einem Sonntag bundesweit und zu guter Sendezeit ausgestrahlt worden. Tageszeitungen, Illustrierte und Rundfunkanstalten hatten das Thema seit Beginn des Marsches bis zur Sendung unerwartet interessiert aufgegriffen. »Der Sonderling aus Hamburg, der ums Verrecken überleben will«, war plötzlich bekannt wie der »Bunte Hund«.

Die Zuschauerbriefe reichten von Lob »Lehrbeispiel für die gesamte Bundeswehr« bis hin zu tiefempfundenem Ekel.

». . . zumutet, einen solch ekelhaften Film zu sehen.«

». . . verursachte mir eine Magenverstimmung mit allen dazugehörigen Folgen . . .«

». . . dem Abenteurer Ihres Filmes möchte ich den Titel ›Mensch‹ aberkennen.«

»Seit mein Sohn den Film sah, ißt er endlich alle Speisereste und übt damit Ekelüberwindung.«

»Ganz interessant, Ihre Darbietungen. Mir jedoch alles zu lasch. Erarbeiten Sie mir bitte ein persönliches Überlebenstraining von absoluter Härte.«

»Nach dem Film hat eine Umfrage in meiner Klasse ergeben: Von 25 sagten 22 Schüler, der Mann ist nicht ganz richtig im Kopf. Aber 3 sagten: Das war ganz toll. Der Mann macht was aus seinem Leben. Diese drei waren Peter, Detlef und ich.«

Bei aller Publicity, die Marsch und Film mir unerwartet eingetragen hatten, durfte ich darüber das wichtigste Resultat nicht vergessen: Ich hatte meine selbstgestellte Trainingsprüfung bestanden.

Ich hatte festgestellt, daß ich ohne nennenswerte Nahrung weite Distanzen zurücklegen konnte, daß sich Hungergefühl verliert, daß ich von Ausrüstung unabhängig bleiben konnte und daß ich unter derart erschwerten Umständen nicht in Panik verfiel. Meine Angst war großer Selbstsicherheit gewichen. Ich fühlte mich stark genug, den Marsch durch Brasiliens Urwald anzutreten.

Manáus

Marius

Tourist ist immer der andere.
Aus »Das Abenteuer gleich um die
Ecke«.

Als ich aus dem klimatisierten Zollbereich durch die Glastür in
die Vorhalle des Flughafens trat, schlug mir die Schwüle wie Sau-
naluft entgegen. Am 4. Juli 1982, 21.00 Uhr. In den Akazien vor
dem topmodernen, auf Zukunft gebauten Gebäude zirpten die
Zikaden. Ansonsten war es still. Nur ein Dutzend Passagiere
war ausgestiegen, flott abgefertigt worden und hatte sich schnell
zerstreut. Ich inhalierte die Tropenatmosphäre und ließ mich in
keiner Weise von den Taxifahrern zur Eile drängen.
Nach rund zehn Stunden Flugzeit von Paris stand ich am Start-
platz meiner Einmann-Reise: Ich war in Manáus, der Haupt-
stadt des Staates Amazonas, Brasilien.
Viele Monate hatte ich diesen Augenblick freudig und ängstlich
herbeigesehnt. Freudig, weil die Alleinreise mir die totale Freiheit bescheren würde.
Ich sehnte mich danach, weil ich schon sehr lange nichts mehr
ganz allein unternommen hatte. Auf den letzten Fahrten waren
immer ein bis zwei Freunde mitgewesen. Und so harmonisch die
Freundschaften auch waren, sie engten die Freiheit ein. Zu zweit
muß man Rücksichten nehmen. Die Freude auf das Freiheitser-
lebnis wurde noch dadurch gesteigert, daß ich in eine menschen-
leere Urlandschaft wollte. In den Amazonas-Urwald, wo ich sicher reichlich Gelegenheit finden würde, das Glücksgefühl voll
auszukosten.
Und ein wenig ängstlich war ich deshalb, weil zu viele Warner
mir kaum Chancen gelassen hatten. Menschen und Natur gegen
sich zu haben, sei wenig hoffnungsvoll.
Diesen Skeptikern konnte ich dann meine Erfahrungen entge-
genhalten: Wissen um Survival schlechthin und die Erfahrungen
mit Regenwald im besonderen. Auf Grund dessen wußte ich
auch, daß Schwarzmalereien sich meist recht schnell in herrlichste Farbgemälde verwandelten, sobald man erst einmal »vor
Ort« war und alles mit eigenen Augen wahrnahm.

Allmählich war ich zur Bushaltestelle geschlendert. Den Nachttarif der Taxen fand ich zu hoch. Warum sollte ich 30 DM zahlen, wenn es im Bus nur 30 Pfennige kostete? Zeit spielte ab jetzt keine Rolle mehr. Ob ich eine halbe Stunde warten würde, war egal. Ich mußte jetzt mein Geld zusammenhalten. Kaum stand ich einsam und verlassen in der Dunkelheit an der Haltestelle, als schon ein Privatwagen hielt. Ein Elternpaar, das mit seinen zwei Kindern eine »Stadtrundfahrt« machte. Ich könnte »hier unmöglich herumstehen. Nachts fahren die Busse sehr selten.«

So sparte ich denn sogar die 30 Pfennig und wurde direkt vors »Rei Salomão« in der Rua Dr. Moreira gebracht.

Ich kannte dieses Hotel vom letzten Aufenthalt vor drei Jahren. Es war klein, sauber, der Service klappte, und es schien sicher. Vor allem gab es ein solides Frühstück mit gutem Kaffee, Obstsalat, Sahnecreme und Kuchen.

»Senhor, natürlich sind wir belegt.« Natürlich. Ich hätte es mir denken können. Gute, kleine Hotels sind immer belegt. Aber gar nicht erst zu fragen, wäre noch dümmer gewesen.

Gegenüber das »Fiorino«. Auch da hatte ich schon manches Mal geschlafen. Große Räume mit Preßpappwänden in kleine Parzellen geteilt und in jeder dieser Pappspalten ein Bett mit gebrauchtem Laken und ein Ventilator, der sich quälte, die abgestandene Luft durchzurühren. Aber selbst das Fiorino war ausgebucht, denn es war billig.

Gleich um die Ecke lag das Amazonas-Hotel. Ein häßlicher Klotz, saumäßiger Service und dreimal so teuer wie das Rei Salomão. Unerklärlicherweise ein sogenanntes First-Class-Hotel der Luxus-Kategorie.

Stolz und Geiz verboten mir, weichzuwerden und im »Amazonas« quasi Asyl zu erbitten. Lieber wollte ich die Nacht auf der Straße zubringen.

Kaum gedacht, beschloß ich schon, es zu tun. Das Gepäck ließ ich im »König Salomon« ›zu treuen Händen‹ und strolchte durch die engen Straßen. Ich war ohnehin zu aufgekratzt, um jetzt schon schlafen zu gehen.

Unten am Hafen gönnte ich mir einen gebratenen Piranha-Fisch und genoß das bunte Treiben. Nur fünf Meter vor mir zog der Rio Negro lautlos vorüber, 3 km breit und bis 70 m tief. Fähren legten an und ab, Träger keuchten mit ihren schweren Lasten vorbei, Musik dröhnte aus allen Hausnischen.

Ich beobachtete, spuckte Gräten und genoß die Ungestörtheit. Etwa eine Woche wollte ich in Manáus bleiben. Akklimatisieren, die fehlende Ausrüstung ergänzen und ein Boot nebst Führer finden, die mich nach insgesamt etwa eintausendfünfhundert Kilometer stromauf absetzen sollten. Ich wollte nicht auffallen, deshalb hatte ich auf jegliche Veröffentlichung im voraus verzichtet. Brasilien hat viel Polizei und reichlich Militär und keinen Krieg. Brasilien hat also viel Personal und Zeit, um Leuten wie mir, die etwas Illegales vorhaben, einen Strich durch die Rechnung zu machen.

Schließlich, nach Mitternacht, war ich dann doch so müde, daß ich mir eine Bank zum Schlafen suchen wollte. Ich umkreiste die Kathedrale im kleinen Park an der Avenida des 7. September. Sie wird von vielen Scheinwerfern während der ganzen Nacht in orangefarbenes Licht getaucht. Man würde also nicht irgendwo im Dunkeln liegen, sondern wäre ständig diebstahlsicher angeleuchtet.

Mein Geld hatte ich vorsichtshalber an drei Stellen des Körpers verteilt. 20 DM steckten außerdem lose in der Tasche. Nächtlicher Straßenraub ist nicht selten, und es ist ratsam, immer Kleingeld »griffbereit« zu haben, um weitere Leibesvisitationen vorzubeugen, um die Räuber nicht zu verärgern, wenn sie gar nichts finden.

Die Bänke waren allesamt belegt: Zahlreiche Mädchen, eine Gruppe homosexueller Männer und Penner hatten sie mit Beschlag belegt. Auch in den Parkanlagen selbst waren die besten Plätze schon besetzt. Unter Zeitungen und Pappkartons schlief dort so manches Wesen.

Ohne Zeitung als sichtschützende Decke würde man womöglich unnötig auf mich aufmerksam werden, überlegte ich. Ausländer als Pennbrüder – das konnte auffallen, und genau das wollte ich doch vermeiden. Und eine gebrauchte Zeitung zu ergattern, als Tarnkappe, hatte ich verpaßt. Ein Bataillon von Straßenkehrern hatte die Stadt schon wieder von allem Unrat gesäubert. Also auch von Zeitungen.

Da kam Antonietta wie gerufen. Sie mochte maximal 20 Jahre alt sein, war schlank, wirkte elastisch, hatte langes, dunkles Haar und lächelte. Auch wenn das Lächeln zum Beruf gehörte, so besorgte es den Kontakt.

Auf 10 DM belief sich ihre bescheidene Forderung. Während ich neidvoll ihre makellosen weißen Zähne betrachtete und sie auf mich einredete, schoß es mir kreuz und quer durch den Kopf:

Nur 10 DM – billiger als Hotel – bestimmt auch besser.

Wir einigten uns auf die reine Übernachtung – ihr war's egal, denn »Geld ist Geld«. Wir zockelten los in eine der engen Nebenstraßen. Vorbei an einer »Hausmeisterin«, ging es eine gewendelte Treppe zur 1. Etage hoch. Hier mußte ich an einer Kasse bei einer kugelrunden Mutti für Logis und Freude im voraus bezahlen, was sonst landesüblich hinterher geschieht. Aber dies war ein »anständiges« Haus. Antonietta erhielt einen Chip als Quittung. Nur sie konnte ihn später einlösen. Sie hatte also nie Bargeld bei sich, was ihre Sicherheit in dunkler Nacht auf enger Straße gewiß erhöhte.

Durch eine hohe Holztür traten wir in einen saalähnlichen Raum. Eine 15-Watt-Funzel mühte sich vergeblich um Helligkeit und ließ erst langsam erkennen, wohin ich geraten war: Der Saal war mittels Presspappe (wie im Fiorino) in drei Gänge geteilt. Aber nicht bis an die 5 m entfernte Zimmerdecke, sondern allenfalls 2 m hoch. Preßpappe war teuer, so schien es. Jeder Gang hatte fünf Kabinen. Im Gegensatz zum Fiorino enthielt jede Parzelle außer Bett und Ventilator, oh Komfort: eine Schüssel Wasser, ein Stück Seife, ein Handtuch. Im Schein eines Streichholzes und der tapferen 15-Watt-Birne im Vorraum, die auch noch von zwanzig Motten verdunkelt und so mindestens um drei Watt um ihren Erfolg geschmälert wurde, wirkte alles gebraucht. Sogar das Wasser. Von irgendwo dudelte Musik durch die Pappwände. Und darüber lag noch die schwere Stauwärme des vergangenen Tages.

Sofort zu schlafen, verboten die Gesetze der Gastfreundschaft. Antonietta schleppte ein Bier für sich und eine Cola für mich herbei. Sie rauchte Kette und schnippte die Asche auf den Fußboden. Ich hörte ihrem Redefluß zu. »Ich habe sieben Geschwister. Mit vierzehn fing ich in einem Schallplattengeschäft zu arbeiten an. Um die Stelle überhaupt zu bekommen, mußte ich unterschreiben, daß ich mein Mindestgehalt (behördlich festgelegt) erhalten hatte, obwohl der Patron mir gleich sagte, daß ich ¼ weniger bekäme, weil die Geschäfte nicht gut liefen.«

Da »alle Arbeitgeber das so machen«, fand Antonietta das ganz normal. Dann starb ihr Vater, und das wenige Geld reichte nicht vorne und nicht hinten.

Letzter Ausweg: Strich.

Strichmädchen in Brasilien sind anders als die in Deutschland. Es gibt kein oder kaum Zuhälterwesen. Die Mädchen stehen allenfalls unter dem Druck persönlicher Not oder dem der Familie. Ein Kunde ist wertvoll und wird ehrlich und liebevoll behandelt. »Er soll ja wiederkommen.«

Und sie kommen wieder. Es entwickeln sich sehr häufig enge Freundschaften, sogar Ehen, die auf dem Strich begannen. Gerade die Europäer sind empfänglich für Liebenswürdigkeit, Vitalität, Bescheidenheit und Exotik der Frauen.

Antoniettas Bericht stimmte mich sehr nachdenklich. 10 DM wollte sie für die Nacht. 10 DM für 10 Kilo Bohnen, mit denen ihre Familie wieder zwei Tage leben konnte. Bald wäre ihre jüngere Schwester alt genug, nämlich 13, um auch »anschaffen« zu gehen. Dann wäre sie, Antonietta, entlastet. »Wer älter ist als 25, ist nicht mehr gefragt. Die Konkurrenz ist groß. Nur wer jung ist, ist gefragt. In Manáus gibt es viel mehr Frauen als Männer.« Sobald sie etwas Geld für sich behalten könnte, möchte sie sich irgendwo ein Zimmer mieten und später heiraten.

Auf die Frage, was *ich* denn so im Monat verdiene, log ich etwas von 600 DM. Hoffentlich tat ich's geschickt, denn ich schämte mich des gewaltigen Wohlstandsgefälles zwischen uns Europäern und Menschen wie Antonietta.

Ihre Kolleginnen fuhren nachts – je nach Arbeitsanfall – häufig in die großen Tanz-Clubs im Freien, sie drängten sich im »Jet-Set«-Club, im »Gente Fina« oder abends vorm »Amazonas-Hotel«. Andere ließen sich lautlos von der Flußseite her an die Übersee-Frachtschiffe rudern, die im Hafen lagen. Mit Hilfe der Matrosen erklommen sie die Bordwände und fuhren als blinde Passagiere mit bis zum Atlantik. Dort nahmen sie ihren bescheidenen Lohn in Empfang und trampten mit dem nächsten Dampfer auf dieselbe Weise wieder stromaufwärts.

Um unsere Kabine herum wogte ein ständiges Kommen und Gehen. Das Flüstern, das Schüsselwasser-Plätschern und die Geräusche von der Straße mischten sich zu einem Konzert, dessen eigenartige Harmonie mich lange am Einschlafen hinderte.

Als ich geweckt wurde, war es bereits ½ 8. Antonietta mußte nach Hause, ihr Kind versorgen.

»Alle Kolleginnen haben ein Kind. Wer erneut schwanger wird, läßt abtreiben.« Für mehr Kinder hat man Zeit, wenn man verheiratet ist. Die Pille, als möglicher Schutz, muß regelmäßig genommen werden. Aber Regelmäßigkeit – das bringt Probleme mit sich. Genauigkeit ist der schwache Punkt der Nation. »Und Kondome kannst du hier nicht nehmen. Dann wirst du nie einen Gast haben.« Daher sei auch »jede Kollegin geschlechtskrank oder es wiederholt gewesen«. Die Penicillin-Spritzen sind billig. »Ich habe zu Hause einen ganzen Karton voller Ampullen.« Antibioticum als Nahrung. Penicillin zum Frühstück. Die Zeit drängte. Antoinetta mußte heim, und ich wollte ins Hotel, um ein Zimmer zu ergattern.

Frisch geduscht, bestens gefrühstückt und im klimatisierten Zimmer zwei Stunden fürstlich verweichlichend geruht, fühlte ich mich gegen elf Uhr topfit, die letzten Vorbereitungen mit germanischer Zügigkeit abzuwickeln.

Ich wollte nicht unnötig lange in der Stadt zubringen, denn Städtebesichtigungen waren nicht der Grund meiner Reise. Obwohl Manáus einiges Chrakteristisches zu bieten hat. Ich hoffte vielmehr, meine Vokabellisten und Verhaltensmaßregeln ergänzen und verbessern zu können, eine praktische Hängematte zu erstehen und Geschenke für meine Indianer.

Zwischen all den damit verbundenen Laufereien erlebt man Manáus »nebenbei«: die bunten Holzhäuser auf Pfählen entlang der Flüsse, die Hochhäuser, Armut und Reichtum, das Völkergemisch, den Hafen und den Urwald, der die Metropole des Staates Amazonas umschließt. Manáus ist eine bunte, eine aufregende, eine individuelle Stadt.

Als ich vom Hotel auf die Straße trat, schlug mir die Mittagshitze wie ein Hammer vor den Kopf. Ich drückte mich augenblicklich in den schmalen Schatten der Häuser und balancierte darin zu Mister A. Koop, dem Oberhirten der New Tribes Mission in der Rua Urucará. Er stand auf meiner Informanten-Liste obenan.

Die US-amerikanische New Tribes Mission betreibt im Gebiet der Yanonámi zwei Stationen. Seit 1968 versucht sie, die Indianer »vom Geisterglauben zu befreien« und »auf den einzig richtigen Weg, nämlich den zu Christus« zu führen.

Das Büro der Mission befindet sich in einem schlichten Flachbau. Auf mein Rufen hin trat Mister Koop aus dem Haus ans schützende Gitter. Ich sei Journalist, eröffnete ich ihm, und interessiere mich für die Yanonámi-Problematik. »Nun, das ist ein sehr komplexes Thema – wofür denn speziell?« drang er in mich.

Und so holte ich weiter aus: Ich wisse von der »Gesellschaft zur Gründung des Yanonámi-Parks«, daß sich seit 1968 Wissenschaftler und Privatleute und seit 1978 die Gesellschaft selbst bemühten, diese letzten freien Indios durch Protektion ihres Territoriums dem Einfluß und Zugriff unserer Zivilisation zu entziehen, sie zu schützen.

»Das stimmt«, bestätigte er, »und es gibt jetzt auch einen ersten Erfolg. Der Innenminister hat am 9. 3. 1982 einen Gesetzentwurf (Portaria GM/025) vorgelegt, der nur noch verabschiedet werden muß. «

»Nur noch – das hört sich gut an, aber wenn das ebenso lange dauert wie das Zustandekommen des Gesetzesentwurfs, sind die Indianer kaum noch überlebensfähig, weil Siedler, Goldsucher, Landspekulanten und Politiker sie umzingelt haben und den Kreis täglich enger ziehen.«

Daß auch Missionare in diese Aufzählung gehören, hatte ich mir gerade noch verkneifen können.

»Natürlich geht das nicht von heute auf morgen«, räumte er ein.

Aber es würden auch keinesfalls abermals 14 Jahre ins Land gehen, meinte Mr. Koop. »Und einen gewissen Schutz genießen die Yanonámi schon insofern, als die Flüsse von der FUNAI (Staatliche Indianerschutzbehörde) abgeriegelt und bewacht werden. Sogar das Überfliegen des Gebietes ist verboten.«

Auch Koop versuchte, mich zu schrecken: »Ohne Erlaubnis der FUNAI haben Sie keine Chance. Die Sperren liegen meist vor größeren Cachoeiras (Wasserschnellen). Wer mit dem Boot kommt, muß aussteigen und die Katarakte umgehen. Und dabei würde er immer auffallen.«

»Und wenn man nachts...?«

Nein, auch das sei aussichtslos, weil die Männer Hunde hätten...

»Ein Antrag auf Sondererlaubnis hat keine Aussichten auf Genehmigung. Es sei denn, Sie wären mit dem Gouverneur befreundet.«

Natürlich war ich das nicht, und mich als Mitarbeiter der Mission auszugeben, käme für ihn gar nicht in Betracht. Selbst wenn ich in einer seiner Missionen im Wald auftauchte, müsse er sofort über Funk die FUNAI informieren.

Die Folge: Eine Militärmaschine würde mich in der nächsten Stunde ausfliegen, man würde meine Fotoausrüstung beschlagnahmen, ich müßte mit hohen Geldbußen rechnen und gar mit Gefängnis und Ausweisung.

Notfalls müßten mich seine Leute mit Waffengewalt festhalten, bis das Militär einträfe.

»Ja, jede Station hat eine Landepiste, die wir auf unsere Kosten in Ordnung halten müssen.« Dafür hatten sie – als Gegenleistung quasi – an den Flüssen Toototobi und Marari das Monopol zur Missionierung.

Ich wunderte mich über die kriegerischen Missionare, die mich mit Waffengewalt zurückhalten würden. »Natürlich sind wir gut bewaffnet. Im Wald hat jeder eine Waffe. Das ist ganz normal. Die meisten Indianer allerdings mit Pfeil und Bogen. Nach den Gesetzen der Indianer muß ein Mann unbedingt eine Waffe tragen. Wer im Wald ohne Waffe angetroffen wird, ist ein Ausgestoßener.

Wenn jemand sich z. B. des Inzests schuldig gemacht hat, zerbricht man seine Waffen und jagt ihn fort. Oder aber es handelt sich bei dem Unbewaffneten um einen Verrückten. Und da Verrückte in diesen Lebensgemeinschaften ein großes Risiko darstellen, laufen sie Gefahr, getötet zu werden. Das sind elementare Urwaldgesetze.«

»Haben die Indianer auch Gewehre?«

»Natürlich haben die Indianer auch schon Flinten. Zum Teil haben sie die Gewehre von der FUNAI. Warum sollte man Indianer denn auch nicht bewaffnen? Wie sollen sie sich sonst gegen die schwerbewaffneten Garimpeiros, die Goldsucher, durchsetzen? Mit Pfeil und Bogen haben sie da zu wenige Chancen.«

So leicht die Waffenbeschaffung für Brasilianer ist, so schwer ist sie für Indianer, denn sie sind keine »richtigen« Brasilianer. Hauptgrund: Sie sind Analphabeten und leisten keinen Militärdienst.

Weil die Bedrohung gerade durch rücksichtslose Garimpeiros tatsächlich groß ist, hat FUNAI vielen Häuptlingen der Yanonámi eine Flinte geschenkt. Die Munition müssen sich die Waldleute verdienen durch den Eintausch von Bananen, Pfeilen und Bogen. So erhöht man einerseits deren Sicherheit, aber man bewirkt auch ihre allmähliche Abhängigkeit von uns, ihre »Zivilisierung«, ihre »Akkulturierung«, wie es im offiziellen Sprachgebrauch heißt.

Koops Missionen sind »natürlich keine Waffenlieferanten«. Aber Waffen sind in Brasilien relativ komplikationslos zu erwerben. Es genügt, »sich als Brasilianer ausweisen zu können«. Und da das so ist, da also die Zivilisten, die Pioniere, sämtlich bewaffnet sind, hält die New Tribes Mission »viele Zivilisationsprodukte als jederzeit verfügbares Angebot für interessierte Indianer bereit«. Dazu zählen auch eine Schule »ohne jeglichen Erfolg« und die medizinische Betreuung der Indianer.

Mit Yanonámi-Vokabeln konnte Koop mir nicht aushelfen. Ich mußte mich damit trösten, daß seine »Leute vor Ort die Sprache perfekt sprechen. Sie haben sogar ein selbstgeschriebenes Lexikon«. Ich beschloß sofort, es mir zu beschaffen oder zumindest einiges davon abzuschreiben. »Sie würden sich wundern bei den Yanonámi!« prophezeite er dann geheimnisvoll, um mich zu entmutigen. »Sie sind sehr kriegerisch und sie sind sehr fordernd. Wenn man ihnen etwas schenkt, werden sie immer mehr verlangen, bis man nichts mehr besitzt.« Das sei eine Art von sozialem Verständnis.

Solange ich fünf Haumesser besäße und einige Indianer nicht einmal eins, würde man sie mir »irgendwie« abnehmen. Aus seinem allwissenden Schmunzeln schloß ich, daß es sich dann wohl um Tricks handeln mußte und nicht um Gewalt.

Die Missionen der New Tribes Mission hielten den Kontakt hauptsächlich über die medizinische Versorgung. Tabletten haben nur Kraft in den Händen des weißen Mannes. Auch mir war klar, ich müßte reichlich Medizin »als Geschenk« mitnehmen.

Ich spürte, aus Koop wäre noch viel rauszuholen. Aber sein Mißtrauen gegen Journalisten war deutlich und verstärkte gleichsam das Gitter, hinter dem er – nach 30 Minuten – immer noch stand. »Die letzten Fremden, die wir ›draußen‹ hatten, waren Leute von ›Survival International‹. Sie haben später eine sehr schlechte Kritik veröffentlicht.«

Am liebsten hätte ich diese schlechte Kritik sofort gelesen, mochte ihn aber nicht darum bitten. Deshalb versuchte ich es hintenherum.

»Ich merke, Sie haben wenig Zeit«, monierte ich indirekt auch meine Warteposition vor dem Gitter auf der heißen Straße. »Darf ich Sie nicht zum Essen einladen? Heute abend in eine Churrascaria?« Koop schien nicht abgeneigt, aber dann fragte er noch: »Sagen Sie mir erst: Welchen Glauben haben Sie eigentlich?« Die Frage kam sehr unvermittelt. Und dennoch hätte ich sie erwarten müssen.

»Was halten Sie von Jesus?«

Ich kam etwas ins Schleudern: Mit 16 war ich aus der Kirche ausgetreten, aber wegen der Kirche – nicht wegen der Ideen Jesu. Allerdings fällt es mir einfach schwer, an einen Gott unserer Vorstellung zu glauben: Vater und Sohn, allwissend, allmächtig und doch keinen Einfluß habend auf unsere bösen Entscheidungen und manches mehr.

Und ich war nicht nur aus der Kirche ausgetreten: Dreimal war ich sogar – aus Neugier und Opportunismus – Moslem geworden. Und jetzt diese Frage.

»Ich finde, daß Jesu Ideen mit zu den besten der Weltgeschichte gehören«, versuchte ich mich aus der Affäre zu ziehen. »Jesus ist für mich ein besonderes Vorbild. Ich lebe weitgehend nach seinen Prinzipien: Ich stehle nicht und töte nicht. Ich glaube, daß ich sozial bin, ich ...« Gerade wollte ich sogar sagen »Ich lüge nicht«, als ich mir der gegenwärtigen Situation bewußt wurde und ich die Aufzählung beendete. Da der Missionar aber noch voller Erwartung zu mir durchs Gitter blickte, sagte ich schnell, um mein Zögern zu vertuschen und als Schlußsatz: »Jesus ist ein großartiger Mensch, er ist in vielem mein Vorbild.«

Da mußte ich etwas sehr Falsches gesagt haben, denn Koops Mund verharrte offen, sein Blick wurde stier, und als er die Sprache doch noch wiederfand, klang sie plötzlich ganz anders – eine Mischung aus Belehrung, Weinerlichkeit, Mitleid. Sogar das englische Vokabular war plötzlich ein ganz anderes geworden.

»Wie reden Sie denn über Gottes persönlichen Sohn? Wie reden Sie über unseren Herrn Jesus Christus, der sein Leben für uns gegeben hat, um uns von allen Sünden ...??«

Sein Redefluß lief nun ohne Punkt und Komma. Ich hatte reichlich Zeit nachzudenken, wie ich ihn jetzt noch in die Churrascaria locken könnte. Zweimal versuchte ich vergeblich, ihn zu stoppen. Ich sagte »Verzeihen Sie, dieses Amerikanisch verstehe ich nicht. Sie sprechen so kompliziert ...« Aber das irritierte ihn nicht im geringsten.

Zu seinem Missionsbereich gehörten auch zwei Deutsche, verkündete er schnell. Wenn ich wolle, könnte er sie hinzuholen, »damit Mißverständnisse ausgeschlossen bleiben«.

Als er dann aber noch aktiver wurde und von »Unterricht« und – wenn ich richtig verstanden habe, gar »Konfirmation« sprach, wagte ich eine letzte Frage: Welche konkreten Beweise er denn für seine Behauptungen für seine Art von Gottglauben hätte, denn »Mehr als einen Glauben können Sie doch gar nicht bieten. Mit welcher Vermessenheit verkaufen Sie mir das eigentlich als Wahrheit?«

Seine Aufdringlichkeit hatte mich allmählich in Rage gebracht. Plötzlich war es mir egal, ob ich mir eine Informationsquelle verschüttete und ob ich allein in die Churrascaria mußte.

Im Hafenrestaurant Piramore gönnte ich mir einen Tucunaré (Fisch) mit Gemüse. Ich saß auf der Terrasse, blickte durch schwere schmiedeeiserne Gitter auf den Rio Negro und sortierte die Informationen. Für den Anfang hatte ich schon viel erfahren. Am Nebentisch saß ein anderer Europäer mit einer 17jährigen Brasilianerin. War er Deutscher, Holländer, Skandinavier? Auch er schien zu überlegen, welcher Nationalität ich wohl sein könnte, denn man trifft nur sehr wenige Touristen in Manáus. So machten wir einander bekannt.

Er hieß Arthur und war Schweizer. (Wußte ich doch, daß er »sowas« war!)

Auf Anhieb kamen wir in ein lebhaftes Gespräch, denn Arthur wohnte hier bereits drei Jahre, kannte die Stadt mit all ihren Tükken und Glücken, und er kannte Oswaldo – auch ein Schweizer, der noch am gleichen Abend zu uns stieß. Oswaldo hatte mit eigenem Team für mehrere Monate als Garimpeiro an der venezolanischen Grenze gearbeitet. Für ein paar Cruzeiros hatte er sich die staatliche Erlaubnis in Boa Vista besorgt, hatte seine Ersparnisse für Ausrüstung ausgegeben und hatte sich dann mit mehreren Männern mühsam einen Weg durch die Wildnis geschlagen. Nach allerhärtester Knochenarbeit war es dann doch ein Verlustgeschäft geblieben. Aber Oswaldo hatte praktische Erfahrungen mit dem Wald, und – was noch seltener ist – er wirkte glaubwürdig. Er gehörte zu den wenigen, die z. B. nicht gleich alle Schlangen verteufelten, nur, weil das eine oder andere Unglück mit ihnen passierte. Ich stellte mich noch unerfahrener als ich war und erkundigte mich auch nach der Gefährlichkeit der Piranhas. In Wirklichkeit wollte ich an den Antworten seine Glaubwürdigkeit bemessen. »Um Piranhas brauchst du dich nie zu sorgen. Du darfst nur nicht bluten und du darfst nicht einfach so still dahintreiben. Du mußt normal schwimmen und auch nicht hektisch planschen, denn das lockt sie an und könnte vielleicht doch eine Piranha veranlassen, einen Probebiß zu machen. Solange du diese Ratschläge beherzigst, halten sie dich für ein gesundes, normales Lebewesen, wie z. B. einen Delphin, einen Otter, und lassen dich zufrieden.«

»Wenn es anders wäre, gäbe es nämlich keine Delphine mehr, und kein Indianer würde je einen Fluß durchqueren«, fügte er noch hinzu.

Inzwischen waren immer mehr Schweizer zu uns gestoßen. Irgendwo schien ein Nest davon zu sein. »Solch kleines Land«, dachte ich, als der 5. aufkreuzte, »und allein fünf in Manáus. Wahrscheinlich ist die Schweiz zur Zeit leer.« Wir zogen gemeinsam weiter in ein Tanzlokal.

Wenn jemand Waldgeschichten erzählt, findet er auch in Manáus immer interessierte Hörer. Um Oswaldos Tips zu untermauern, berichtete Arthur eine typische Amazonas-Episode.

»Du kennst doch die kleinen Touristenboote. Die Besatzung hat sich da einen lukrativen Trick ausgedacht: Man fährt den Fluß hoch und läßt die Touristen Piranhas angeln. Man demonstriert, mit welcher Mühelosigkeit ein solcher Fisch einen dicken Zimmermannsbleistift durchbeißt. Die Touristen kriegen eine richtige Gänsehaut. Es werden Fotos gemacht, die die heldenhaften Angler mit ihrer gefährlichen, aber besiegten Beute zeigen. Nach dem Motto: ›Das glaubt mir sonst keiner.‹ Und auf dem Heimweg passiert es dann! Ein Rucken geht durchs Schiff, es legt sich quer zur Strömung, und der Schiffsführer lamentiert entsetzt:

›Um Himmels willen! Das Ruder hat sich verklemmt. Wenn wir jetzt auf ein Hindernis treiben, besteht die Gefahr zu kentern, und dann gnade uns Gott! Der Fluß wimmelt hier von Piranhas!‹ Nun, das brauchte er nicht erst zu erwähnen, man hatte es ja selbst gesehen.

Ratlosigkeit, Hektik, Nervosität, Gänsehaut, Angst.

Da meldet sich dann plötzlich der kleine João, 12 Jahre. Er nimmt stillschweigend, wie Helden das so zu tun pflegen, einen Hammer und springt ins Wasser.

Den Leuten stockt der Atem. Sie krallen sich an die Reling und starren in das Gewirr von Blasen, die der Junge verursacht. Dann dröhnen ein paar Hammerschläge durchs Boot. Der Junge taucht auf, schnappt nach Luft, verlangt einen Schraubenzieher und taucht erneut.

Und endlich ist er wieder da! Unverletzt, gottlob, und verkündet: ›Alles klar. Ein Stück Holz hatte sich da verklemmt.‹ Der Kapitän klopft dem Kleinen dankbar und anerkennend auf die Schulter. ›Wenn wir dich nicht hätten‹, sagt er noch, ›ich mag gar nicht darüber nachdenken‹ und drückt ihm stillschweigend, aber sehr deutlich, eine große Note in die Hand.

Die Passagiere sind gerührt. ›Daß es so was noch gibt!‹ entfährt es ihnen erleichtert. Automatisch greift jeder in die Tasche und legt einen weiteren Schein dazu – sind sie doch ganz knapp dem Tod entronnen.«

Arthur kennt den Kapitän. »Dieser Trick bringt mehr als die Reise selbst.«

»Aber er zeigt auch deutlich, was ich sagte«, bekräftigte Oswaldo jetzt wieder. »Wäre auch nur die geringste Gefahr damit verbunden, würde niemand täglich unter sein Schiff tauchen, wie der kleine João es tut.«

Oswaldo wurde zu einem richtigen Informationsbüro für mich. »Was, du willst einen Hund mitnehmen?« Ja, das hatte ich unter anderem erwogen. Damit er mich rechtzeitig auf Begegnungen mit Indianern hinwies, damit ich nicht so allein wäre und um nachts einen Wächter zu haben. Vielleicht auch als Geschenk für die Indianer. »Vor den Begegnungen mit Indianern brauchst du dir keine Sorgen zu machen.« Inzwischen hatte ich mich ihm schon näher offenbart, und er wußte, daß ich nicht total unerfahren im Alleinreisen war.

»Mit solchen Problemen wirst du schon allein fertig. Viel schlimmer ist, daß ein Hund nachts den Jaguar anlockt. Da, wo du hinwillst, gibt es mitunter noch einen.«

In den ersten Morgenstunden leerte sich das Tanzlokal allmählich.

»Das Schlimmste, das dir passieren kann«, warnte Oswaldo mich zum Abschied, »ist ein Beinbruch. Dann liegst du fest und bist in wenigen Stunden von Ameisen oder sonstwem aufgefressen. Also, paß auf dich auf und – nimm wenigstens einen Revolver mit!

Ohne Waffe zu gehen, ist glatter Selbstmord. Und ich glaube nicht, daß ein Indianer sich wegen deines Revolvers ängstigen und dich angreifen würde. Eher schon die Siedler. Sie sind unglaublich arm und hassen uns Europäer. Vor ihnen mußt du auf der Hut sein. Vor allem vor dem letzten Siedler, der dich im Wald verschwinden sieht und vor dem ersten, bei dem du wieder auftauchst.«

Arthur und Oswald – sie gaben mir wertvolle Tips. Ich verzichtete auf den Hund und beschloß doch, einen Revolver zu kaufen. Ich erstand ihn für 250 DM auf dem Schwarzmarkt. Ein 32er Revolver, Marke Cruzeiro, Made in Brazil. Er gefiel mir, denn er war leicht und dennoch stark. 50 Patronen erhielt ich anstandslos im Laden, ohne Berechtigungsschein.

»Nimm bloß keine Waffe aus dem Laden«, hatte mich ein Kenner eindringlich gewarnt. Die wird auf deinen Namen registriert, und wenn sie dir geklaut und ein Mord damit verübt wird, bist du dran. Dann kann es sehr schwer für dich werden, deine Unschuld zu beweisen.«

Das leuchtete ein. So hatte ich mich für die illegale Waffe entschieden.

Aber wie riskant auch das sein kann, merkte ich, als ich mich später in einem Dorf auf der Polizeistation melden mußte – wie alle Fremden. Während der Beamte meine Personalien in einer großen Kladde verewigte, bemerkte ich, daß er genau den gleichen Revolver in genau dem gleichen Holster trug: einen Cruzeiro '32!

»Was ist das für ein formschöner Revolver, den Sie da tragen?«, versuchte ich, Näheres zu erfahren. Ohne von der Kladde aufzublicken, nestelte er am Holster herum und drückte mir das Ding wie selbstverständlich in die Hand.

»Ja, das ist unsere Polizeiwaffe.« Es gehörte nicht viel Phantasie dazu, sich auszumalen, was mir blühen könnte, wenn mein Revolver einem ermordeten Polizisten gehört hatte!

Sieben Tage war ich schon in Manáus. Dann hatte ich die meisten Vorbereitungen abgeschlossen. Es war Sonntag, der 11. Juli 1982. Das Gros der Einwohner preßte sich in überfüllten Räumen vor die Fernsehgeräte und verfolgte das Fußball-Endspiel Deutschland-Italien. Andere waren rausgefahren an die Punta Negra, den schneeweißen Badestrand am Rio Negro. Wie an jedem Wochenende trampelten sich hier auch diesmal – bei Hektolitern von Cola und Tonnen von Würstchen – Tausende von Menschen auf den Füßen herum. Sie trafen sich hier mit Freunden, suchten Bekanntschaften, flirteten, erfrischten sich im lauwarmen Fluß (26°C), bauten ständig an ihren schattenspendenden Sonnenschirmen herum, um der wandernden Sonne zu entgehen und – sahen ebenfalls fern.

Die Stadt selbst wirkte leer. Manchmal war ich weit und breit der einzige Mensch. Allenfalls sah man Kinder, die ihren Kampfdrachen-Spielen nachgingen. Mitunter sah man Dutzende dieser kleinen Papierscheiben am Himmel stehen. Ihre Besitzer starrten mit Faszination an den Leinen zu ihnen hinauf und versuchten, jeden Windstoß auszunutzen, ihr Spielzeug so nah wie möglich an einen fremden Papiervogel zu manövrieren. So lange, bis sich die Leinen trafen. Dann wurde der eigene Segler blitzschnell so weit eingezogen, bis die obersten zwei, drei Meter die »feindliche« Schnur berührten. Durch flinkes Rauf- und Runterziehen brachte man damit die kleinen Glasscherben in Aktion, mit denen man die Leinen dort oben bestückt hatte. Sie wirkten wie Messer und kappten das gegnerische Seil. Der getroffene Drachen stürzte zu Boden. Der Wind trieb ihn irgendwohin ab, und es setzte eine wilde Verfolgungsjagd ein. Sowohl die Freunde des Verlierers wie die des Gewinners tobten durch Straßen, über Mauern hinweg und durch Flüsse hindurch, um die begehrte Trophäe zu ergattern.

Ich wunderte mich, wie man in der Frühnachmittagshitze dermaßen toben konnte, ohne zu schwitzen. Mir lief das Wasser jedenfalls in Strömen am Körper runter, nur vom Zuschauen.

So war ich froh, im »Piramore« Schatten und frischen, kühlen Orangensaft und Ruhe zu finden.

Doch nicht lange. Eine Gruppe Brasilianer stürmte plötzlich aus dem Hauptraum auf mich zu und umringte meinen Tisch. Einer drückte mir die Hände, und aus all dem Geschrei war herauszuhören: »Tut uns leid für dich, Alemão (Deutscher).« »Tröste dich, Brasilien war schon viel früher weg vom Fenster.«

»Dürfen wir dir eine Cerveça (Bier) spendieren?«

Schließlich hoben mich einige gar samt Stuhl hoch und trugen mich unter Hupa-hupa-Rufen durchs große Lokal auf die Straße. Wer den Stuhl nicht zumindest berühren konnte, klatschte doch wenigstens irgendeinen Rhythmus.

Ich war sicher, zum neuen Gouverneur von Amazonas ernannt worden zu sein, weil auch einige Polizisten salutierten. Huldvoll nahm ich die Sympathie-Kundgebungen von allen Seiten entgegen. Auf jeden Fall müßte meine Gouverneursresidenz eine anständige Klimaanlage haben und ganz Manáus müßte Bäume pflanzen, jawoll, um Schatten und Schönheit zurückzugewinnen.

... Das waren die ersten Ansätze meines Regierungsprogramms, das mir sofort durchs Hirn schoß. Bis ich dann heraushörte, weshalb ich wirklich da über der Menge thronte: Deutschland hatte gegen Italien 1 : 3 verloren. Italien war Weltmeister geworden. 11. Juli 1982, kurz vor 16.00 Uhr Ortszeit.

Irgendwann verlief sich mein Volk, und ich trank die Säfte, das Bier, das man mir aus Mitgefühl auf den Tisch getürmt hatte. Ich brachte das Tagebuch auf den neusten Stand:

● Für 400 DM hatte ich Medikamente gekauft. Antibiotika, Tabletten gegen Schmerzen und Malaria. Geschenke.

- Ich hatte fünf gute Haumesser besorgt
- 1000 Angelhaken und
- 1000 m Angel-Sehne

Was ich nirgendwo auftreiben konnte, war Schlangen-Serum.
Keine einzige Drogerie (die in Brasilien auch gleichzeitig Apo-
theken sind) führte Serum. Kein Hospital und nicht einmal im
Gesundheitsministerium selbst wußte man Rat. Bis auf diesen:
Kaufen Sie am besten das »Specifico pessoa contra veneneno de
cobras«! Das nimmt jeder Waldläufer hier im Lande, und es hat
schon Tausende vorm sicheren Tod bewahrt!
Oh, Illusion!
Das Specifico kannte ich längst. Unglaublich, daß es sogar im
Gesundheitsministerium empfohlen wurde! Es ist absolut un-
wirksam. Ein Kräuterschnaps, den man nach dem Biß trinkt.
»Ich kenne mehrere Leute, die das Zeug sofort getrunken haben und dadurch überlebten«, bestätigte mir auch Heinz G.,
ein schweizerischer Expeditionsveranstalter. Daß sie überlebten, glaube ich gern. Aber nicht, weil der Betrugsschnaps wirksam wäre, sondern weil die jeweiligen Schlangen nicht giftig
waren. Zwei Jahre vorher hatte ich das Specifico in Frankfurt
untersuchen lassen. Am 24. 1. 1980 erhielt ich vom Forschungs-
institut Senckenberg, Herrn Dr. Konrad Klemmer, das Resultat:
»... bei allen Versuchen konnte keine schützende oder auch nur
vergiftungsverzögernde Wirkung festgestellt werden ... Dieses
Ergebnis ist nicht überraschend, ist es bisher doch niemals ge-
lungen, bei oral anzuwendenden Präparaten eine Wirksamkeit
gegen Schlangengifte nachzuweisen ...«
So fuhr ich ohne das Serum los und hoffte auf mein Glück. Wer
wird schon von Schlangen gebissen!? Man kann sich auch über-
ausrüsten.
Aus demselben Sicherheitsbedürfnis heraus hätte ich dann auch
einen Begleiter, ein Funkgerät, ein Motorboot, eine Flinte mitnehmen können. Wie sagte doch Christine Schmidt vorm

Deutschlandmarsch: »Warum nimmst du denn ein Messer mit? Das ist ja schon Luxus. Im Nichts zeigt sich der Meister.« Daran mußte ich jetzt wieder denken und mit den tausend Tabletten hatte ich sowieso schon Gepäck genug. Wogen eine einzige Tablette, ein einziges Haumesser auch scheinbar »nichts«, so wurden sie mir insgesamt später doch zur Last, die ich nicht mehr zu tragen schaffte.

Aber noch etwas sehr Wesentliches hatte ich erstanden: ein dänischer Fotograf hatte mich seine Erlaubnis fotokopieren lassen, die ihn berechtigte, Yanonámi-Gebiet zu betreten. Er hatte sie von der FUNAI erhalten, weil er bereits einen eindrucksvollen (und unpolitischen) Fotoband über Brasilien gemacht und beste Kontakte zu höchsten Militärs hatte. »Ich hätte den Text gern für mein Buch«, hatte ich ihm gesagt, aber in Wirklichkeit wollte ich mich damit in die Missionen einschleichen, sofern ich sie je erreichen würde.

Auch Vokabeln hatte ich noch aufgetrieben. Padre Casimiro, Sprachgenie bei der katholischen Salesianer-Mission in der Avenida Joaquim Nabuco, hatte mich einige Wörter abschreiben lassen.

»Sie werden Ihnen nicht viel nutzen«, schränkte er meinen Optimismus gleich ein.

»Fast jede Yanonámi-Familie spricht einen anderen Dialekt. Aber ehe Sie gar nichts mitnehmen, ist es natürlich besser, irgendein Grundvokabular dabeizuhaben. Die Yanonámi wandern viel und haben deshalb auch Ahnung von abweichenden Dialekten.«

Padre Casimiro spricht perfekt Deutsch. Seit Jahren arbeitet er an einem gigantischen Lexikon (40 000 Wörter) der Yanonámi-Sprache. »Wegen chronischen Geldmangels geht es nur schleppend weiter. Ich kann das nur als Hobby nebenbei machen. Forschungsgelder stehen mir nicht zur Verfügung.«

Auch er, der Waldkenner, würde nie allein gehen: »Hoffentlich sehe ich Sie wieder.« Nein, noch keiner aller je zu diesem Thema Befragten hatte mir Mut zugesprochen, mir Hoffnung gemacht.

Und noch etwas fiel mir auf: Immer, wenn ich sagte, ich wolle zunächst nach Barcelos und von dort in den Wald, kam automatisch die Frage:

»Nach Barcelos? Kennen Sie dort den Tatunca Nara?«

Tatunca Nara – der Mann mit dem klangvollen Namen. Halb Weißer, halb Indianer. Ich kannte das Buch über ihn, aber ich war ihm noch nie persönlich begegnet.

Tatunca Nara hatte ich mir als den Mann auserkoren, der mich das letzte Stück aus der Zivilisation hinausbegleiten sollte, der mir von seinen Erfahrungen abgeben und der mich am Waldesrand absetzen sollte.

Alle anderen Versuche und Hoffnungen, hier in Manáus schon einen vertrauenswürdigen Waldläufer und Landeskenner zu finden, waren fehlgeschlagen.

So schiffte ich mich nach über einer Woche Manáus auf dem Händlerschiff »Emerson Madeiros« ein und fuhr nach Barcelos.

Die Schulferien gingen zu Ende. Die Urlauber strömten zurück in ihre Heimatorte. Die »Emerson Madeiros« war total überfüllt. Hängematte schaukelte an Hängematte. Vorteil: Die Passagiere kamen schnell miteinander in Kontakt.

Dreißig Mark kostete die Reise nur. Zwei Nächte und einen Tag mit Vollkost. Vom Hafen »Raimundo« in Manáus bis Barcelos. Ungefähr 750 km. Ein günstiger Preis also, wer wollte sich da schon beschweren, wenn es ein wenig eng war? Offenbar niemand, denn die Stimmung war gut. Der Urwald zog mal nah, mal entfernt am Boot vorbei. Die dichte Wand der Blätter warf das Knattern des Dieselmotors zurück wie ein Echo. Auf diesen 750 Kilometern kannten die Schiffsführer jede einzelne Ufer-Silhouette. Sogar des Nachts verfehlten sie den Weg nie. Obwohl der Strom mitunter 40 Kilometer breit war und das Bild der Inseln mit steigenden und fallenden Wassern erheblich wechselte.

Ich schaukelte in meiner Matte und bemerkte manch mitleidigen Blick, war sie doch die ärmlichste weit und breit – ein schlichtes schmales Netz im Gegensatz zu all den herrlich bunten Meisterwerken. Aber mein bescheidenes Nylon-Netzgeflecht hatte dafür erhebliche Vorteile: es konnte sich bei Regen nicht vollsaugen, nicht schwerer werden. Es war leicht und stabil, nachts allerdings auch luftig kalt, was aber durch einen leichten Kunstfaserschlafsack ausgeglichen werden sollte.

Der Fahrtwind regulierte die Abendwärme auf angenehm erträgliche Weise. Ich pendelte so vor mich hin und ließ alle Waldführer noch einmal Revue passieren, die ich als mögliche Führer für mich in Erwägung gezogen hatte und die nicht in Frage gekommen waren. Viele gab es ohnehin nicht in Manáus. Und sie alle hatten sich disqualifiziert.

Denn Manáus ist ein Eldorado der Spinner. So wie an den großen Pferderennbahnen der Welt und in den Buchmachershops immer Leute rumhängen, die den ganz ›heißen‹ Tip haben, die genau wissen, welches Pferd die Nase als erstes im Ziel haben wird, so treiben sich in Manáus eine ganze Menge Leutchen herum, die kräftig Nutzen aus dem Geheimnisvollen und dem Rätselhaften des Urwaldes ziehen. Sie wissen ungefähr, wo ein sagenumwobener Schatz liegen muß, sie haben gehört, daß es da und dort monumentale Bauwerke geben soll, man stelle sich vor: mitten im Dschungel. Ungeheuerlich. Wer will, der kann vielleicht sein ganz, ganz großes Glück machen. Kann zum Entdecker werden, dessen Name unauslöschbar mit dem Fund in die Annalen der Geschichte eingehen wird.

Nichts scheint die Phantasie der Menschen mehr anzuregen, als der Urwald. Da muß doch etwas sein, hinter diesem grünen Vorhang, der sich lautlos hinter uns schließt, der uns unsichtbar macht, der die Spuren, kaum sind sie gemacht, schon wieder vernichtet? Das ist doch noch unentdeckt. Hier, wo wir uns gerade durchschlagen, da ist doch bestimmt noch kein Mensch gewesen. Oder doch? Hat vielleicht gerade hier ein Stamm von Indianern, vielleicht verfolgt, seine Kostbarkeiten vergraben? Vor Jahrhunderten? Und die Jahre gingen darüber hinweg, lautlos und immer gleich. Vergessen der Schatz, sicher verborgen im grünen Safe. Bis zu diesem Moment, wo wir kommen, um ihn zu bergen. Und die Spinner von Manáus leben nicht schlecht davon. Ich nenne sie extra nur Spinner und nicht reine Betrüger, weil viele von ihnen selbst ein bißchen von dem glauben, was sie den Touristen erzählen. Irgendwie haben diese Männer in ihren Herzen noch nicht alle Hoffnungen auf das große, unverhoffte Glück begraben. Sie selbst können nicht mehr genau trennen zwischen Mythe und Wirklichkeit. Die Geschichten, die sie irgendwann einmal gehört haben, haben sie mittlerweile so oft weitererzählt, daß sie sich selbst nicht mehr ganz sicher sind, ob nicht doch etwas daran wahr sein könnte. Eigentlich müßte sie jede erfolglose Tour in den Wald frustrieren, aber wir Menschen sind ja nicht ungeschickt, wenn es gilt, etwas zu verdrängen.

Meine Freunde und ich hatten mit Kurt Glück Pech.

»Wer so lange da unten lebt«, sagten wir uns damals, »und bereits seit zwei Jahrzehnten Touristen über die Flüsse schippert, der weiß auf jeden Fall – dank europäischer Allgemeinbildung – Dichtung und Wahrheit auseinanderzuhalten.«

Damals, 1980, hatten Wolfgang und Andreas, mit denen ich schon Äthiopiens Omo-Fluß hinuntergeflößt war, mich relativ kurzfristig als dritten Mann zu einer vielversprechenden Reise überredet.

Überredet ist eigentlich der falsche Ausdruck. Denn ich sagte gern zu, als ich hörte, Kurt Glück, der Waldexperte mit der großen Erfahrung, vermute in einem Sumpfgelände am oberen Uneiuxi unentdeckte Indianer.

»Sie sollen wegen des Sumpfbodens auf Bäumen in Nestern leben und gewandt sein wie die Affen. Ihr Stammeserkennungszeichen ist die 4-Fingerhand. Gleich nach der Geburt ihrer Kinder hacken sie diesen den kleinen Finger ab, damit sie einander jederzeit erkennen. Das ist nötig, weil sie sich auf ihren Wanderungen mitunter lange nicht sehen. Da kann es vorkommen, daß sich nicht nur das Aussehen der Nomaden verändert, sondern auch die Sprache. Aber an den vier Fingern erkennen sie sich jederzeit wieder.«

So und mit vielen anderen Argumenten hatte Kurt Glück uns auf eine – für ihn – lukrative Reise gelockt.

Wir trafen uns damals mit ihm vor der Post. Das Erkennungszeichen war eine Ausgabe des Magazins »DER SPIEGEL«.

Der SPIEGEL war zwölf Monate alt. Hätten wir das gewußt, hätten wir ihm gern einen aktuelleren mitgebracht.

Nun, ich gebe zu, die ersten Stunden verblüffte Kurt mit seinen Erzählungen. Ohne Luft zu holen, schoß er eine Anekdote nach der anderen ab.

Besonders eine ist mir in Erinnerung geblieben, weil wir uns die Bäuche hielten vor Schadenfreude. Der Geschädigte war ein Missionar. Er hatte Kurt um einen Tagesausflug gebeten, etwas, das Kurt wirklich kann. Aber gegen Mittag wurde es verdammt heiß. Der Padre schwitzte unter seiner dunklen Kutte und litt still vor sich hin. Kurt versuchte, mit mehr Fahrtwind auszugleichen. Da deutete der Padre unerwartet auf eine Insel und meinte: »Kann es sein, Kurt, daß da vorn die Eltern eines Juan Santos wohnen?« Kurt wußte es nicht, aber sie fuhren hin. »Ich habe Juan vor einem Jahr die Heilige Kommunion erteilt. Sicher könnten wir dort Schatten und kühlen Trunk erwarten.«

Kurt, der Waldkenner, sah sofort, daß kein Boot vorm Haus lag. »Das Boot ist wie der Volkswagen in Deutschland. Wenn der nicht vorm Haus steht, ist der Besitzer nicht da.« Dennoch fuhr Kurt hin. Des Schattens, der Ruhe wegen. Zur großen Überraschung war aber der kleine Juan selbst da. Er erkannte den Padre sofort wieder. »Padre Ernesto, Sie haben mir die Heilige Kommunion erteilt. Kommen Sie!« »Mein Sohn«, fragte der Padre gleich und direkt »hast du nicht etwas Kühles zu trinken?«

»Aber natürlich Padre! Mögen Sie vom Assai-(Palm)Wein?« Der Gottesbote mochte. Der Junge schöpfte ihn aus einem Tonkrug, den die Eltern in der Erde kühl und sicher vergraben hatten. »Köstlich«, stöhnte der Mann ehrlich entzückt. »Noch eine Schale, Senhor Padre?«

»Nun, gern, mein Sohn, auf einem Bein kann man schlecht stehen.«

»Noch eine, Padre?« Juan war in Spendierlaune.

Der Padre zierte sich. »Mein Sohn, das kannst du doch nicht machen! Was glaubst du wohl, werden deine Eltern sagen, wenn sie das hören? Ihren ganzen guten Assai-Wein verschenken, haha!«

»Das macht nichts, Padre! Meine Eltern trinken den sowieso nicht mehr!«

»Warum denn das nicht, Juan?«

Er streichelte ihm christlich über die schwarzen Haare.

»Netter Bengel«, mochte er gedacht haben.

»Weil da kürzlich zwei Ratten darin ertrunken sind!«

Der Padre erstarrte. Vor Entsetzen und Ekel fiel ihm die Tonschüssel auf die Erde und zerbrach in tausend Scherben. Mit aller Kraft versuchte er, gegen das Stülpbegehren seines Magens anzukämpfen. Er verlor vollends die Fassung und schimpfte auf den Jungen ein. »Schämst du dich nicht, mir etwas anzubieten, das deine Eltern verschmähen?«

Aber Juan weinte vorsichtshalber bitterlich und bekam vor Schluchzen keine einzige Silbe heraus.

Inzwischen besann sich der Pater seiner Verpflichtungen als Vorbild. Er lenkte ein: »Weinen hilft da auch nichts mehr! Das hättest du dir früher überlegen müssen! Sag mir jetzt, warum du weinst! Dann entschuldigst du dich und es ist alles wieder gut.«

Schluchz, schluchz – der Junge blieb seiner Tränenflut treu. Kein Wort.

Der Padre eindringlicher: »Ich will jetzt wissen, warum du weinst! Sag, warum heulst du?«

Und endlich verebbte der Tränenstrom ein wenig, und der Padre vernahm den wahren Grund der Flut: »Nun hat der Senhor Padre die Schüssel zerbrochen! Mutti wird schimpfen, denn das war ihre Pipi-Schüssel!«

Wer nur einen Tag mit Kurt fährt, wird begeistert sein. Aber wir wollten 60 Tage mit ihm leben, und das ist einige Nummern zu groß für Kurt. In 60 Tagen will man mehr erfahren als seine Geschichten, die sich vom 2. Tag an wiederholen. Und da beginnt seine Schwäche. Mit ihnen will er übertünchen, was er an Sachinformationen nicht bieten kann. Fragte man ihn »Wie heißt der Schmetterling dort?«, dann kam seine Antwort wie geschossen. »Das ist die Mariposa amazonica.« Okay. Ich trug das ins Tagebuch. Man weiß nie, wofür man's gebrauchen kann. Doch Stunden später gab er dann unbedacht eine Anekdote zum besten, die diese und andere Auskünfte sofort wieder über den Haufen warf.

»Eine ›verrückte‹ Amerikanerin fragte mich mal: ›Mister Gluck, wie heißt diese phantastische Blume da?‹« Glück kannte sie nicht und sagte ihr das wahrheitsgemäß. Aber da war der Teufel los! Die smarte Dame war nicht wiederzuerkennen. »Mister Gluck! Ich denke, Sie sind ein Fremdenführer? Wofür bezahle ich Sie denn?« Ja, wofür? Aber so leicht konnte niemand Kurt ins Bockshorn jagen. »Pfiffig wie ich war, sagte ich der Dame: ›Gnädige Frau, wenn ich alles kennen würde, wäre das Reisen langweilig für mich. Weil es aber jedesmal, ja, jeden Tag eine neue Überraschung für mich gibt, fahre ich immer wieder. Ich will genauso lernen wie Sie. Und führe ich nicht immer wieder, wären Sie, Madam, jetzt nicht hier auf diesem schönen Fluß.‹«

Die Lady war zwar beruhigt, aber nicht zufrieden. »Und um in aller Zukunft solchen Unliebsamkeiten zu entgehen, sage ich jetzt, wenn mich jemand so was Blödes fragt: Ich weiß das nur auf Indianisch. Da heißt es ›Bliblublaba‹. Oder auf Lateinisch. Und dann nenne ich immer etwas in Spanisch, weil das ziemlich dasselbe ist, wie z. B. ›Mariposa amazonica, Mariposa brasiliensi‹, und so weiter.«

Nun, es ist müßig, alle Unfähigkeiten zu schildern. Weder besaß Kurt wasserdichte Kisten (»Ich stelle die Campausrüstung«), noch hatte er zumutbare Decken für die Nacht. »Die riechen nach Urin«, reklamierte Wolfgang schon in der ersten Nacht. »Kann sein, darin wickelte meine Frau immer die Enkel ein, und Windeln gibt es hier nicht.«

Die Säge war stumpf, die Äxte brachen, die Patronen lagerte er im Wasser, die Lebensmittel in Pappkartons, sein Rucksack für den Waldmarsch war ein Plastikbeutel, und das Benzin reichte nicht. Wir mußten paddeln. »Ich habe immer nur 400 Liter mitgenommen«, war seine lakonische Antwort.

Wohlverstanden: Pannen kann es immer einmal geben, aber wenn man für geeignete Ausrüstung gezahlt hat, dann ärgert's einen.

Welch Wunder also, daß wir mit Kurt nicht klarkamen. Wäre er in unserem Alter gewesen – wir hätten ihn verdroschen, und das sagten wir ihm auch.

Diese Zurückhaltung hätten wir aber fast gebrochen, als er uns unterwegs offenbarte, woher er die 4-Finger-Tips hatte: aus einem 130 Jahre alten Buch! Jetzt ärgerte ich mich über meine schnelle Zusage zu dieser Reise, war ich sauer darüber, nichts mehr vorher über dieses Gebiet gelesen zu haben.

Die Reise wäre ein Total-Flop geworden, hätte Wolfgang nicht doch noch einen brauchbaren Streifen zusammengefilmt, der die Schwierigkeiten zeigte, sich über Flüsse voranzuarbeiten, die durch Fallholz versperrt waren. Der zeigte, wie wir uns durch einen Sumpf wühlten, wenn auch ohne Kurt: er wollte uns mit seiner Plastiktüte begleiten, in der er seine Siebensachen trug. Sie riß schon nach 100 Metern.

Auf jeden Fall sammelten wir Erfahrungen, die mir dieses Mal von Nutzen waren.

Unter den genannten Umständen wundert es niemanden, wenn auch Kurt über uns schimpfte.

Den Höhepunkt aber lieferte er mir ein Jahr später. Unter fremdem Namen hatte ich bei ihm angefragt, um zu erfahren, ob er die 4-Finger-Indianer immer noch anbot. Ich wollte wissen, ob er nach unserer vergeblichen Sumpfdurchquerung dazugelernt hatte, ob er nur aus Dummheit gehandelt hatte, oder mit betrügerischen Absichten. Am 11.3.1980 antwortete er wörtlich: »Sehr geehrtes Frl. Dr. Oettinger ... die Baumindianer sind gerade für Sie als Völkerkundlerin interessant« und eine Seite weiter, als Höhepunkt:

»... dort eine Höhlenstadt ... in der Leute sich aufhalten, die von anderen Sternen sind. Herr von Däniken hat schon zweimal seinen Sekretär dort hingeschickt.«

Traumtänzer, Glücksritter, Entdecker, Phantasten und Abenteurer – sie kommen in ausreichender Menge nach Amazonien, gelockt von denen, die es verstehen, sie zu ködern, sie zu betrügen. Ein Land, das größer ist als die Bundesrepublik und kaum besiedelt, bietet so viel Unbekanntes, daß für jedes Talent, für jeden Interessenten etwas abfällt. Da will einer

- einen Fluß entdeckt haben,
  der nicht einmal auf den Radarkarten drauf ist
- ein anderer weiß, wo die 2 m-Indianer sich verstecken, der
  nächste kennt
- die blauäugigen Indianer oder
- einen unerforschten Süßwasserdelphin,
- unentdeckte Goldvorkommen und
- die noch immer gesuchte Anakonda von mehr als 10 Metern
  Länge

Für jeden Geschmack ist also etwas dabei!

Mythen, Ängste, Hoffnungen, Träume – der Wald ist überreich
davon – werden in Fakten verwandelt und feilgeboten. Vertrau-
lich, versteht sich. Und wer würde nicht gern schweigen, wenn
das Schicksal ihn auserkoren hat, als erster die große Offenba-
rung zu erleben! Mich eingeschlossen.
Und diese Spreu vom Weizen zu trennen, ist äußerst schwer,
dem Neuling kaum möglich. Lehrgelder lassen sich so gut wie
nicht vermeiden.

Da pendelte ich also in meiner Hängematte und überlegte. Einen
Menschen gab es, der mir vielleicht weiterhelfen konnte. Ein
ganz besonderer Mensch, ein Häuptlingssohn über den sogar
schon ein Buch geschrieben worden war: von dem ARD-Korre-
spondenten Karl Brugger.
Dieser Mensch trägt den Namen Tatunca Nara und hat einen
Lebenslauf, daß einem schier schwindelig werden kann. Papil-
lon ist gegen ihn ein Waisenknabe. Ich hatte auch schon einiges
Negatives über ihn gehört, auch aus seriösen Quellen. Aber ich
wollte mich selbst überzeugen, ob es sich um Weizen oder Spreu
handelte. Wer also noch blieb, war Tatunca Nara. Zu ihm war
ich jetzt unterwegs.

Häuptling Tatunca Nara

»Ich könnte dich zu einem unterirdischen Gang führen, in dem du nach zwei, na, laß mich nicht lügen, vielleicht nach drei Stunden – man verliert da nämlich jedes Zeitgefühl – in eine andere Welt kommst. Du stehst plötzlich in einem Tal, das unserer heutigen Zeit zehntausend Jahre voraus ist. Was sagst du dazu?«

Tushaua (Häuptling) Tatunca Nara. Nach dem zweiten Bier. Ja, was sagte ich dazu? Mir hätte ein Tal gereicht, daß uns nur das Jahr 2000 zeigen könnte. »Tatunca, solche Geschichten verfangen bei mir nicht. In Physik hatte ich eine Eins.« Die Sechs in Latein verschwieg ich ihm.

Das brachte Tatunca keineswegs aus der Fassung. Schon ganz andere Leute hatten seinen Worten Glauben geschenkt – Wissenschaftler und Journalisten, und jeder hatte gehofft, es könnte ja »etwas dran« sein.

War es aber nicht. Jedenfalls bis heute, bis Redaktionsschluß nicht.

Und Gerüchte in die Welt zu setzen, schien ganz offenbar Tatuncas große Stärke zu sein. Wohl kaum jemand in ganz Brasilien, der ihn nicht kannte. Die größten Zeitungen hatten seine Thesen verbreitet, bezweifelt, kritisiert, als Betrug dargestellt. Ganze Fortsetzungsberichte gab es über ihn. Die Meinung der Europäer im Lande war einhellig: »Ein ausgemachter Lügner.«

Tatunca Nara selbst, vieldeutig: »Man muß immer exklusiv bleiben!«

Exklusiv war und ist er auf alle Fälle.

Ich hatte mich in Barcelos im Hotel Oasis einquartiert. Klein, gemütlich, gepflegt und in bester Hanglage mit Blick auf den Rio Negro. Zwei Zimmer und deutsche wie brasilianische Küche. »Ich koche Ihnen, was Sie möchten. Mit Musik und Gesang von Friedel Katz persönlich.«

Friedel und Werner Katz, Tatunca Naras Schwiegereltern, leben schon seit 1924 in Brasilien. Seit zwei Jahren betreiben sie das Oasis, einziges Hotel der Kleinstadt Barcelos und fast so etwas wie ein Kulturzentrum für alle Einwohner, die nicht so sehr mit dem Pfennig rechnen müssen.

Ich saß mit Tatunca auf der überdachten, gemütlichen Terrasse. Ich hoffte, daß er mich irgendwo bei den Yanonámi absetzen würde.

Vater Katz hatte Chopin aufgelegt. Ich musterte Tatunca, während er mit Schwiegermama Friedel sprach: »Gut, Mutti, dann gib mir das Bauernfrühstück!«

Ich musterte vor allem sein Gesicht. Ich suchte darin den Halbindianer. Nach eigenen Angaben ist Tatunca der Sohn eines Indianerhäuptlings aus Peru und einer Nonne, die »sein« Stamm beim Überfall auf eine Mission namens Santa Maria de Barbara erbeutete.

Gewiß, er hatte etwas vorspringende Wangenknochen, wie wir sie von den Slawen kennen. Einen Indianer herauszufinden, fiel mir dennoch schwer.

Auf Tatuncas Brust prangt eine tätowierte Schildkröte. »Das ist mein Stammeszeichen«, behauptet er.

Bei Tatunca Nara hat man nie Langeweile. Er ist Alleinunterhalter, vor allem für diejenigen, die seine überirdischen Geschichten lieben. Er sprach ohne Luftholen. Ich hatte den Redestrom ausgelöst, weil ich mit Recht neugierig geworden war. Da gab es nicht nur die Brasilianer und Europäer im Lande, die ihn als »Spinner« abtaten, sondern auch ein unkritisches Buch über ihn, geschrieben von Karl Brugger.

Ich hatte es mit Interesse gelesen und den Eindruck gewonnen, »Tatunca ist der Lehrling eines gewissen von Däniken gewesen.« Der Bücherschrank des Häuptlings bestätigte den Eindruck später. Neben Karl May reihenweise Däniken einschließlich dessen Lexikon über Prä-Astronautik. Sein Ideenquell war mir damit klar.

Bruggers Buch gehört in dieselbe Richtung. Der Covertext stellt den Autor vor als jemanden, der Zeitgeschichte und Soziologie studiert hat. »Er ist heute Auslandskorrespondent der ARD in Rio« und »Spezialist für Indianerfragen«. Das schindet Eindruck. Im Buch erfährt man dann von dem großen Glück Bruggers, den letzten Überlebenden der Ugha-Mongulala, nämlich Tatunca Nara, gefunden zu haben.

Somit konnten die einmaligen Berichte der staunenden Nachwelt erhalten bleiben. Nachrichten über ein Volk, das schon den Kalender kannte, als wir noch in den Bäumen lebten, das eine Schrift hatte, in dessen Höhlen Kriegsgerät von anderen Gestirnen lagerte und denen Adolf Hitler 2000 deutsche Soldaten schickte, um Deutschlands Macht auch in Südamerika auszubauen. Um nur ganz wenig zu nennen. Das Ganze repetierte Brugger mit fast wissenschaftlicher Präzision. Dennoch blieb eine Frage offen. Eine sehr wesentliche, wie ich meine. Er sparte die Jugendzeit des Häuptlings aus und erwähnte mit keinem Wort, daß Tatunca Nara bei MAN in Mannheim gelernt hat und dann bei verschiedenen Lübecker Reedereien zur See gefahren ist. Daß er also zumindest wichtige Jahre, wenn nicht seine gesamt Jugendzeit, in der Bundesrepublik verlebt hat und *perfekt* Deutsch spricht, und nicht »gebrochen«, wie Brugger es darstellt. Und das kann er eigentlich nur getan haben, um den Mythos des Tatunca zu vergrößern.

Nun könnte man sagen, Tatunca habe das Deutsch jetzt erst gelernt. Aber nach eigenen Angaben ist er nicht sprachbegabt. »Ich kann heute noch nicht richtig Portugiesisch und lebe schon seit 14 Jahren in Brasilien.«

Dafür, daß Tatunca schon immer ausgezeichnet Deutsch konnte und etwas Spanisch, zeugte Padre Casimiro in Manáus. »Ich war der erste Dolmetscher, den das Militär hinzuzog, als Tatunca in Manáus auftauchte und diese sonderbaren Geschichten erzählte. Ich merkte nach den ersten Sätzen seines Spanisch, daß es eine deutsche Melodie hatte.« Casimiro fragte ihn auf den Kopf zu: »Sprechen Sie deutsch?« Ja. Das tat er. *»Und zwar fließend!«* So wickelte sich das Verhör in deutscher Sprache ab und Tatunca nutzte die günstige Gelegenheit, dem Padre gegenüber lebhaft von seiner frommen Mutter zu berichten, der Nonne, und seinem Vater, dem Indianer, die ihn gezeugt hatten. Um seine Schilderungen zu beweisen, zitierte er seitenweise die Bibel. Bis Padre Casimiro Beksta, gebürtiger Lette – er hat Germanistik studiert –, ihn unterbrach: »Wissen Sie, was Sie mir da zitiert haben? Das war nicht die katholische, das war die Luther-Bibel! Ihre Nonnen-Geschichte ist eine Lüge.«

Trotz allem läßt sich nicht leugnen, daß Tatunca Naras Berichte überlaufen von Farben und Fülle. Sein Lebenslauf, ob nun wahr oder erfunden, ist beim ersten Zuhören nicht zu fassen. Demnach ist er 1938 in Akakor, Peru, geboren. Als er 19 Jahre alt war, starb seine Mutter. Schlangenbiß. Er verließ den Stamm. Er

- rettete mit einem Flugzeug abgestürzten brasilianischen Offizieren das Leben ...
- lernte in Deutschland ein Handwerk ...
- fuhr dann zur See ...
- ging in Venezuela heimlich von Bord (daher das Spanisch!?) ...
- war 1 Jahr Assistent des Berliner Tierarztes Helmut Grosse beim künstlichen Rinderbesamen ...
- wurde verhaftet wegen Spionageverdachts ...
- gerettet durch Botschafter von Schulenburg ...
- kam zurück nach Deutschland mit falschem deutschen Paß ...
- ging ins Gefängnis wegen der falschen Papiere (gegen den ehemaligen Besitzer dieses Passes, einen Legionär, lag eine Unterhaltsklage vor) ...
- wurde auf Bewährung entlassen ...
- fuhr per Schiff nach Rio ...
- beschaffte sich in Rio neue Papiere ...
- arbeitete auf einer Farm und in einer Zementfabrik ...
- kehrte 1970 zu seinem Stamm nach Peru zurück.

Dort war gerade sein Vater gestorben, und Tatunca trat die Häuptlingsschaft an.

Er führte seine Leute gegen Peru ins Feld und geriet sehr in Bedrängnis, als die Regierung ein hohes Kopfgeld auf ihn aussetzte.

Schließlich sah er keinen anderen Ausweg, als seinen Stamm umzusiedeln.

»Sie leben heute nördlich von Barcelos im ›Teufelsgebirge‹ südlich der Grenze von Venezuela. Etwa 2000 Mann. Mitten im Yanonámi-Gebiet.«

Aber diese Stichworte sind nur ein Bruchteil der gesamten Lebensstationen des Tatunca Nara. Allein die »Umsiedlung« seiner 2000 Leute ist schon haarsträubend genug, denn schon 20 Leute werden getötet, wenn sie von Gebieten Besitz ergreifen, die seit ewigen Zeiten den Yanonámi gehörten. Und wären es wirklich 2000 gewesen, und die Yanonámi hätten sich ihnen unterlegen gefühlt, dann hätten die Ugha-Mongulala die Yanonámi töten müssen, um mit ihrem 2000 Mann starken Menschenheer im relativ kargen Urwald überhaupt genügend Nahrung zu finden, um überleben zu können.

Zum Vergleich: die größten Siedlungen der Yanonámi beherbergen maximal 200 Personen. Schon diese wenigen Personen benötigen einen menschenfreien Lebenskreis von 40 Kilometern um ihr Dorf, wenn der Biotop nicht zerstört werden soll.

1972 heiratet Tatunca seine Anita Katz. Dadurch kam es zum Bruch mit seinem Volk. Der Häuptling wurde »entthront und verbannt«.

Aber Tatunca war nie völlig abgeschnitten von den Seinen. Bis heute steht er mit den Priestern in »telepathischer Verbindung«. Mitunter besucht er sie. Sie sagen ihm, ob Anita Jungen oder Mädchen bekommt und ob die Geburt schwer sein wird.

Fremde darf er nicht zu seinen Indianern lassen. Vielleicht ganz gut so. Mit jeder weiteren Geschichte, die Tatunca Nara mir zum besten gab, wurde mir klarer, daß er nicht mein Mann war.

Weder wollte ich in das Jahr 11 982 katapultiert werden, noch wollte ich mit ihm und seinem Freund Brugger Pyramiden suchen. Pyramiden, die – das versteht sich von selbst – natürlich im Urwald nichts zu suchen hatten und daher als das achte Weltwunder gelten würden, wenn man sie nur erst gefunden hätte ...

Ich, Rüdiger Nehberg aus Hamburg, wollte ja man bloß zu den Yanonámi-Indianern, den letzten freien Indianern.

Aber noch nicht einmal ein Boot konnte mir der große Häuptling besorgen.

Ins Sperrgebiet

Inspergebic

Aufbruch

Sollte ich weinen oder lachen? Weinen, weil mein Start in Frage gestellt war oder lieber lachen, weil ich auf diese Weise Gelegenheit bekam, Improvisationsgeist zu zeigen? Nur nicht erst versauern! Mußte ich zurück nach Manáus? Denn nur dort konnte man Boote aller Größen kaufen, und dann würde ich unabhängig sein wie ein Vogel, wie ein Fisch. Ich würde das Boot am Ziel versenken und es mir später wieder hochholen.

Da traf ich Luiz Autram. Er war Nachbar der Katzens und hatte mich schon zweimal mit in die überschwemmten Wälder genommen, um mir neue Tricks beizubringen. Tricks, wie man Fische, Schildkröten und Krokodile überlistet, auch dann, wenn sie tief in den Wäldern stehen. Luiz kannte den Wald wie seine Hosentasche. Dabei war es egal, ob das Wasser bei Überschwemmung durch die Baumkronen floß oder sich auf die Flußbetten beschränkte. Luiz lebte saisonweise vom Kautschukzapfen, vom Piassaba (Palmfaser)-Sammeln und vom Fischen. Warum sollte ich also nicht mit Luiz fahren?

»Luiz, ich möchte spazierenfahren. Vielleicht zehn Tage. Kannst du ein überdachtes Boot beschaffen?«

Nichts erzählte ich von meinem wahren Vorhaben. Aus verschiedenen Quellen hatte ich noch wertvolle Tips bekommen, über welche Flüsse ich fahren müßte, um möglichst nahe an die Yanonámi heranzukommen. Aus meinen Radarkarten ersah ich auch, wo die FUNAI ihre Flußkontrollposten errichtet hatte.

Luiz benötigte zwei Stunden, aber dann hatte er die SANDOKAN aufgetrieben und dessen Besitzer Walter.

800 bis 1000 Kilometer waren zu fahren. Ich rechnete mit sechs Tagen Reise und hatte vier für Walters und Luiz' Rückfahrt kalkuliert. Der Preis war mehr als günstig. Ein Karton voller Lebensmittel wurde zusammengekauft, und dann ging es los.

Genau sieben Tage tuckerten wir über den Rio Negro und den Rio Demini hinauf. Da dieser Fluß oberhalb gesperrt war, bogen wir in den Rio Aracá ein. Sieben Tage und teilweise mondhelle Nächte klopfte der 6 PS-Japanmotor uns stromaufwärts. Erbärmlich langsam, aber es ging immerhin stetig weiter. Ich kam meinem Ziel näher.

Bessere Begleiter als Luiz und Walter hätte ich kaum finden können! Sie erklärten mir, was immer es zu zeigen gab. Sie lehrten mich, den Tucunaré (Fisch) mit einem Stock, einem roten Tuch und 50 cm Perlonschnur zu fangen, und sie nahmen mich mit, wenn sie nachts Pacas (Nagetiere) mit der Lampe schossen.

Gegen sie war ich ein unerhörter Laie. Was ich wußte, waren allgemeingültige Jagd- oder Survivalregeln. Was mir fehlte, war das spezielle Amazonas-Wissen, und davon strömten Walter und Luiz nur so über und geizten nicht damit.

Der Fisch

Wenn der Mond unterging oder Regenwolken ihn verdeckten, banden wir das Boot an einen Busch und schliefen in unseren Hängematten an Bord.

Wie jeden Abend hatte Luiz, der Fischer, eine schwere Angel mit einem halben Köderfisch ins Wasser geworfen. Das andere Ende vertäute er an seiner Hängematte. Würde ein Fisch anbeißen, müßte er das Rucken deutlich spüren.

Um ½1 Uhr ruckte es. Sogar sehr heftig. Luiz sprang und fiel gleichzeitig zu Boden. Durch den Lärm wurden wir anderen ebenfalls wach. Neugierig beobachteten wir, wie Luiz versuchte, die Leine einzuholen. Ein großer Fisch zu dieser Jahreszeit der Überschwemmung (Juli) war eine Kostbarkeit. Nur selten hatte man Fängerglück.

»Helft schnell!« Luiz kam in Not. Das Tier zog gewaltig. Die 1 mm starke Nylonsehne ließ sich nicht gut einholen. Sie war zu glatt, aber zu dritt holten wir sie allmählich Hand um Hand, Meter um Meter ein.

Nur noch zehn Armlängen, schätzten wir! Das hatte wohl auch der Fisch geschätzt und sich gesagt, daß nun er wieder an der

Reihe sei mit dem Ziehen. Ohne uns eine Siegeschance zu lassen, holte er sich fast die gesamte Leine zurück. Jagdfieber und Stolz hatten uns gepackt. Nur nicht loslassen! Ich war der letzte Mann am Seil. Walter und Luiz fingen die Hauptzugkraft auf. Um ihn endgültig zu stoppen, wickelte ich mir die Sehne fest um die Hand. Jetzt rutschte sie nicht mehr. Der Bursche war uns sicher, dachte ich noch, korrigierte mich aber in derselben Sekunde – denn es zuckte mir wie ein Peitschenhieb durch die Hand. Er hatte gewaltig angeruckt. Walter und Luiz konnten ihn nicht mehr halten und mir schnitt die Sehne tief ins Fleisch. Sie lief vollends aus und riß dann. Der Fisch war weg. Welcher Riese mag das gewesen sein!?

Ich verband die blutende Hand und legte mich in die Matte. Ich dachte darüber nach, wie schnell einem etwas Unvorhergesehenes die Reisepläne vereiteln konnte. Durch reine Unbedachtsamkeit.

Der nächtliche Schlafgast

Der entkommene Fisch war geradezu ein kleiner Fisch gegen den nächsten Gast.

Als ich sein Brüllen zum erstenmal hörte, dachte ich »Brüllaffe« und sammelte weiter Holz für mein erstes Abendfeuer allein.

Es war schon ½6 Uhr und würde bald dunkel sein.

Beim zweiten Grollen wunderte ich mich, daß der Rest der Herde nicht in den Ruf einfiel. Brüllaffen leben in großen Familien. Wenn sie ihre Töne anstimmen, dann meint man, in der Ferne rase ein Schnellzug vorbei.

Noch nie hatte ich eines der Tiere von nahem gesehen. So furchterregend aber ihr Gebrüll wirkt – sie selbst sind harmlos. Es war klar, daß der Affe sich in meine Richtung bewegte. Vielleicht hatte ich Glück und sah ihn von nahem. Ich empfand es als schönen Auftakt zu meinem Waldmarsch, den ich am nächsten oder übernächsten Tag beginnen wollte.

Zur Zeit befand ich mich an den südlichsten Ausläufern der Serra Gurpira am Rio Aracá. Es war der sechste Tag unserer Bootsfahrt.

Luiz hatte sich einer Witwe erinnert, die hier mit ihren Kindern an einem Nebenfluß wohnen sollte. Und da Luiz ebenfalls Witwer war, und auch Walter sich nach Gesellschaft sehnte, hatten sie mich zu einem kleinen Abstecher überreden wollen.

Ich hatte keine rechte Meinung und bat sie, allein zu fahren und mich hier zu lassen. Ich sehnte mich nach dem Wald, nach Natur und nicht nach Zivilisation. Morgen früh sollten sie mich wieder auflesen.

Sie hatten mir ein Stück Pacafleisch zurückgelassen, das ich mir nun braten wollte.

Der Affe schien wirklich in meine Richtung zu laufen. Bald würde er mich riechen und abdrehen. Denn der Wind wehte sanft vom Fluß her in seine Richtung.

Als er sich erneut zu Wort meldete, wurde mir klar, warum die übrigen Affen nicht in den Chor einstimmten. Das war kein Affe, das war ein Jaguar!

Einmal erst hatte ich zusammen mit Kurt Glück einen Jaguar in freier Wildbahn gesehen. Aber noch nie hatte ich sein Grollen vernommen. Doch jetzt war es mir klar, weil mich der Ton nun deutlich an Löwen erinnerte. Und die kannte ich zur Genüge.

Von dieser Erkenntnis bis zu dem Moment, wo ich in zehn Metern Höhe auf einem dicken Ast saß, waren vielleicht zwei, drei Minuten vergangen. Ich trug eine Badehose und meinen Überlebensgürtel und hatte den Fotokanister an mich gerissen und mitgenommen.

Im letzten Dämmerlicht schätzte ich hoffnungsvoll ab, daß die Katze auf keinen Fall in einem Satz zu mir hochspringen könnte. Natürlich würde sie mir mühelos nachklettern können. Ich zitterte aus Überzeugung und vergewisserte mich, ob ich den Revolver bei mir hatte. Als letzte Rettung blieb mir dann ein Schreckschuß, der den Jaguar vertreiben würde.

Ich hakte den Kanister sicher an einem Aststummel fest und

hängte beide Fotoapparate vor mich hin. Mit einer kleinen Dynamolampe leuchtete ich ständig nach unten und kontrollierte das Blitzgerät und die Einstellungen.

Das Knurren war verstummt, mein Zittern auch. Alle Minute leuchtete ich runter zu meinem Paca-Fleisch, denn jetzt ahnte ich auch, daß ihn der Blutgeruch angelockt haben könnte.

Meine Hände hatte ich zwar in der Eile irgendwo abgeputzt, aber garantiert rochen sie auch jetzt noch so deutlich, daß der Panther mich wittern mußte. Selbst hier, wo ich so hoch über meinem Lagerplatz hockte.

Und als ich dann plötzlich in meinem dürftigen Lichtschein die Riesenkatze erblickte, wäre mir die Lampe beinahe aus der Hand gefallen. Ein gewaltiges, ein wunderschönes Tier!

Zittern nutzte nun nichts mehr. Jetzt hieß es fotografieren. Ich schoß Blitz auf Blitz ab, ohne mein Objekt zu sehen. Es stand in der Dunkelheit. Entfernung hatte ich geschätzt und auf der Skala eingestellt. Mit dem 400er Film hoffte ich, die Tiefe ausleuchten zu können. Ich wagte gar nicht, mir meine Enttäuschung auszumalen, wenn die Bilder nichts werden würden.

Ich wurde recht nervös, weil ich fürchtete, der Jaguar könnte durch die Blitze abgeschreckt werden. Aber sie irritierten ihn nicht. Mein Lämpchen ließ mich ihn nach wie vor im Lager erkennen, wo er sich das Pacafleisch gut munden ließ.

Eigentlich mußte er den für ihn winzigen Happen längst verputzt haben. Gewiß leckte er noch die Blätter ab – oder er witterte mich. Ich leuchtete abermals und so gut es ging. Da sah ich die Bescherung! Freund Jaggy streckte sich der Länge nach aus und gedachte nun zu ruhen.

»Das kann ja heiter werden«, schoß es mir durch den Kopf. Denn jetzt, wo ich mich längst sicher fühlte, wo die Aufregung abgeklungen war, merkte ich, wie der Ast, auf dem ich saß, meine Blutzirkulation unterbrach und die Ameisen nachdrücklich beanstandeten, daß ich auf ihrem Wanderweg saß. Sie bissen mich immer dreister. Mit dem Gasfeuerzeug versuchte ich, den Ast links und rechts von mir etwas anzubrennen, um die Tiere durch den Brandgeruch fernzuhalten. Vielleicht hatte es einige tatsächlich zur Umkehr veranlaßt. Aber es gab noch immer genügend, die von Forscherdrang besessen waren und die Demarkationslinie überschritten.

Der Jaguar schlief schon den Schlaf des Gerechten, während ich mich zwischen die Äste krampfte. Ich band mich fest, weil ich Angst hatte, abzustürzen. Alle viertel Stunde mußte ich mich bewegen, um mein Blut am Fließen zu halten. Es fehlte mir ein zweiter Ast unter dem, auf dem ich saß. Ein Trittbrett gewissermaßen, um meine Beine abzustützen, damit die Oberschenkel hohl lagen.

Gegen Morgen war ich eingenickt. Inzwischen saß ich rittlings auf dem Ast und klammerte mich um den Baumstamm wie um eine Geliebte.

Als kurz vor 6 Uhr die erste Dämmerung zu spüren war, leuchtete ich als erstes zu meinem Schlafgast hinunter.

Er war fort. Still und heimlich hatte er sich aus dem Staub gemacht. Von Kälte und Müdigkeit benommen, wartete ich dennoch, bis es deutlich hell war und ich wirklich klar gucken konnte. Der Jaguar war tatsächlich weitergezogen. Vorsichtshalber gab ich noch einen Schreckschuß ab. Aber es blieb totenstill im Dickicht.

Dann erst kletterte ich steif und staksig zu Boden und schrie aus Leibeskräften: »He, wo bist du?« Wohl, um meinen Mut zurückzugewinnen.

Er hatte meine Hängematte und das Regendach, das ich zu Anfang noch besaß und für so unentbehrlich hielt, nicht berührt. Einen meiner vier PVC-Kanister hingegen hatte er mit seinen Zähnen durchlöchert. Möglicherweise hatte ich mir daran die blutigen Hände abgewischt.

Die Rückkehr per Floß auf vier Kanistern war damit schon gleich zu Beginn der Reise in Frage gestellt.

Als ich später in Hamburg die Diafilme aus der Entwicklung zurückerhielt, galt mein erster Blick natürlich den Fotos vom Jaguar-Camp. Und da wäre ich fast vom Hocker gefallen! Was der schmale Schein der Lampe mir nicht verraten hatte, sah ich jetzt: Es waren *zwei* Jaguare gewesen! Ein Pärchen vielleicht, das genug mit sich selbst zu tun gehabt haben mochte und das mir deshalb keine Beachtung geschenkt hatte.

Das erste Dorf

Zum ersten Dorf

»Das sind die letzten Weißen, die du in deinem Leben siehst«, dachte ich, als die »Sandokan« mich verlassen hatte und um die nächste Kurve verschwunden war. Ich hatte Walter und Luiz mehr bezahlt, als wir vereinbart hatten, denn ich war sehr zufrieden gewesen.

In Zukunft würde ich Leuten, die am Urwald interessiert sind, immer empfehlen, sich gegen Bezahlung bei Siedlern im Wald einzuquartieren. Besser kann man die Natur nicht kennenlernen als bei ihnen, und besser kann man sich keinen Einblick verschaffen von dem erschreckend sozialen Gefälle zwischen ihnen und uns. Darüber später mehr.

Die Sandokan hatte mich bis zu den »Cachoeiras dos Indios« gebracht, der Endstation für schwere Schiffe. Ein malerischer Katarakt verhindert hier die Weiterfahrt. Bergauf geht es ab hier nur noch mit dem kleinen Boot und Außenbordmotor.

Hoch auf dem felsigen Ufer steht Euricos Laden, ein Holzhaus, 10 × 12 Meter. Von nah und fern können die Anwohner hier das Lebensnotwendigste kaufen: Bohnen, Nudeln, Reis, Zucker, Salz, Konserven, Kaffee, aber auch Patronen und Messer. Das Prunkstück des Ladens: eine Nähmaschine. Viele Siedler tauschen, denn Geld ist knapp. Eurico führt lange Schuldenlisten, die irgendwann mit den Erlösen aus Palmfasern oder Kautschuk verrechnet werden.

Bevor die Kunden zurückkehren in ihre Hütten an den Flüssen, pflücken sie sich einige Orangen für den Weg. Obst gibt es in Mengen, denn Euricos Vater Pedro hat hier viele Obstbäume gepflanzt, als er 1955 das Land besetzte. »Damals gehörte der Wald noch den Yanonámi und es kam vor, daß plötzlich Pfeile aus dem Gebüsch flogen«, berichtete Eurico voller Stolz.

»Aber Pedro hatte dann mit den Indianern verhandelt und sie mit Geschenken zu Freunden gemacht.«

Heute tauschen diese Indianer-Freunde in Euricos Laden Pfeile und Bananen gegen Messer, Macheten und Pulver.

Die erste Yanonámi-Siedlung lag 60 km entfernt. »Den Weg

kannst du nicht verfehlen«, hatte Eurico mir gesagt. Er selbst wollte mich nicht begleiten. »Das ist mir zu weit.«

Zur Zeit war kein Indianer zu Besuch, der mich hätte führen können. So ging ich allein. Ich betrachtete den Weg als Übungsstrecke. »Einen solch deutlichen Weg gibt es kein zweites Mal.« Würde ich mich verlaufen, konnte ich jederzeit zurück zu Eurico.

Die Ausrüstung

Ein kleines Stück begleitete mich der Händler. An einem Flüßchen verabschiedete er sich. Ich balancierte über den glitschigen Baumstamm, der als Brücke diente, tauchte drüben in den grünen Blättervorhang.

Auf einem 90 Grad-Winkelgestell aus Aluminium trug ich die verbliebenen drei PVC-Kanister. Jeder Kanister wog (leer) etwa 2,5 kg, hatte einen Weithals-Schraubverschluß, war sehr stabil und absolut wasserdicht. Das ist relativ schwer, aber einen Rucksack hatte ich absichtlich nicht genommen. Er würde dem Regen nicht standhalten und war wesentlich komplizierter durch die Flüsse zu transportieren. Die Kanister hingegen schwammen von selbst und konnten zur Not auch mich noch tragen. Daß sie keinerlei körperangepaßte Formen aufwiesen, war kein Handicap. Ich hatte nicht ein einziges Mal eine wunde Stelle infolge ihrer starren, geraden Flächen.

In diesem Ruckpack hatte ich meine klägliche Habe: einen Schlafsack, eine Hängematte, zwei Kameras, vier Optiken, hundert Filme, Tagebuch, Landkarten, Geschenke.

Am Körper hatte ich ebensowenig: eine Badehose, ein Paar Turnschuhe, einen Überlebensgürtel.

Wie bei jeder Reise, so hatte ich auch diesmal dem Überlebensgürtel besondere Aufmerksamkeit geschenkt. In einer Leinentasche (Militärshop-Ware) hatte ich zwei wasserdichte Schraubdosen à 1000 ccm Inhalt. Und darin befanden sich der Kompaß, ein

Gasfeuerzeug, Nadeln und vor allem Medikamente von der einfachen Schmerztablette über leichte Psychotonica wie Captagon, über Pervitin, dem letzten Aufputschmittel (das man in Deutschland nur auf Attest erhält), bis hin zu einer Dosis Zyankali, um mir ggf. ein qualvolles Ende zu ersparen. Natürlich hatte ich auch Mittel gegen Malaria und Würmer, hatte ich Antibiotika, ein Operationsbesteck und – neben einem Messer und dem bereits erwähnten Revolver – ein 1-Schuß-»Selbstmord«-gerät. Dabei handelt es sich um den im deutschen Bergsteiger-Handel erhältlichen Signalraketenstift. Statt der Rakete hatte ich ein Stückchen 6mm-Lauf aufgeschraubt, den mir ein Dreher in Manáus gemacht hatte. In das Läufchen hatte ich eine Kleinkaliberpatrone gesteckt.

Einen Revolver, so hatte ich mir gesagt, würde man mir womöglich irgendwo abnehmen können – den Stift würde man als medizinisches Instrument ansehen und mir lassen.

Und schließlich war da noch die bewährte kleine Mundharmonika. Mit ihr wollte ich einsame Stunden ausfüllen, vor allem aber den Indianern meine friedlichen Absichten kundtun.

Alle halbe Stunde wollte ich eine simple Melodie spielen. Die Indianer mit ihrem bekannt guten Gehör würden das von weitem wahrnehmen, mich sicherlich beobachten und hoffentlich Vertrauen zu mir gewinnen. Nach der Devise »Wo man singt, da laß dich nieder. Böse Menschen haben keine Mundharmonikas«. Auch mein »Nackt«gehen sollte Beobachtern sofort signalisieren: Das Bleichgesicht ist unbewaffnet, schwach, harmlos. Die Badehose war mein persönlicher Kompromiß zwischen den völlig unbekleideten Yanonámi und den bis zum Hals verpackten Weißen. Stiefel, lange Hosen, Hemden hatten in meinen Augen hauptsächlich Nachteile als Feuchtigkeitssammler und Gewichtsverursacher.

Die Insekten hatten zum nackten Körper zwar bequemeren Zutritt, aber gepiesackt wurde man auch, wenn man Garderobe trug. Im Bereich meiner Badehose und der Turnschuhe hatte ich die meisten Flöhe.

Mein Gepäck wog insgesamt 30, ich selbst 75 kg.

Und dann der erste Tag des Marsches. Frohen Mutes zog ich in den Wald. Ich setzte die Füße vorsichtig, um sie nicht zu verstauchen.

Durch die ständigen Regenfälle war der Boden lehmartig glitschig.

Gleichzeitig bemühte ich mich, den schmalen Pfad auszumachen. Im allgemeinen war er tatsächlich deutlich sichtbar, aber dort, wo das Wasser ½ bis 1 Meter hoch zwischen den Bäumen stand, hatte ich Schwierigkeiten.

Das vorsichtige Tapsen und ständige Schauen erlaubte mir ein Höchsttempo von 3 km/h.

Schon nach einigen Stunden wurde mir klar, daß ich eigentlich mein Gepäck noch stärker reduzieren müßte, wenn ich besser vorankommen wollte. Immer öfter mußte ich Pausen einlegen. Immer schwerer fiel es mir, den Ruckpack aufzuheben.

Für den ersten Tag hatte ich mir 500 g Bolacha, eine Art Cracker, als Nahrung von Eurico mitgenommen. Sobald die verzehrt waren, wollte ich vom Sammeln leben.

Daß es nicht viel werden würde, ahnte ich bereits am ersten Tag. Bis auf drei Winzlinge von Fröschen gab es nichts, das ich im Vorübergehen erspäht hatte. Auch größere Tiere, wie Affen, hatte ich nicht zu Gesicht bekommen. Hier befand ich mich noch zu sehr im Jagdgebiet der Siedler.

Als es 16 Uhr wurde, war ich dermaßen erschöpft, daß ich beschloß, Camp zu machen. Mehr als 20 km hatte ich nicht geschafft. Ein verlassenes Tapirí (Blätterhütte für kurzfristige Unterkunft) bot sich gastfreundlich an. Ich reparierte das morsche Dach mit ein paar bananenblattartigen Großblättern und spannte die Matte. Den Überlebens-Gürtel hängte ich direkt unters Kopfende, die Kanister stellte ich neben mich auf die Erde.

Die Turnschuhe waren ständig naß gewesen, denn meist war ich durch Wasser gestapft. Die Haut an den Füßen war schneeweiß gebleicht. Aufs tröstende Feuer verzichtete ich, weil ich den Schlafsack zum Wärmen hatte. Es war eine Wohltat, hineinzukriechen, sich strecken zu können, zu entspannen, warm und insektensicher zu liegen. Ich schlief bald ein und wurde nur einmal wach, als ein tosendes Gewitter niederging. Gott sei Dank lag ich trocken. Ich mußte unbedingt darauf achten, daß mein Schlafsack trocken blieb.

Die erste Begegnung

Würde ich einen Schlag gegen den Körper spüren und vielleicht noch registrieren? Pfeilschuß! Oder würde ich plötzlich Menschen aus dem Dickicht treten sehen, mit freundlichen oder feindlichen Gebärden? Auf alle diese Fälle hatte ich mich immer wieder autogen vorbereitet.

Beim Pfeil würde ich versuchen, ihn rauszuziehen. Wäre er vergiftet, würde ich die Spitze nicht herausbekommen, weil sie lose auf den Pfeil gesteckt ist und einen Widerhaken hat, um im Fleisch zu bleiben.

Dann müßte ich sofort Prostigmin spritzen. Vier Ampullen hatte ich mit. Sie kosteten daheim nur je eine DM. Für 100 Pfennige konnte ich das Curare-Gift eines Pfeiles neutralisieren. Das müßte nur sehr schnell geschehen. Weil ich allein war, müßte die Spritze im Blut sein, bevor das Curare mein Nervensystem außer Gefecht setzen würde. Denn dann wäre es bereits zu spät. Dann wüßte ich vielleicht noch, daß ich mir die Spritze geben mußte, aber meine Hände würden den Befehl des Hirns nicht mehr ausführen können.

Wenn man einen Begleiter hat und nicht weiterhin beschossen wird, kann man den Verletzten auch mit Mund-zu-Mund-Beatmung über den Berg kriegen. Nach etwa fünfzehn Minuten verliert sich die Wirkung des Curare. Fehlen sowohl das Prostigmin und ist man allein, dann tritt nach einigen Minuten der Tod ein. Infolge der Nervenlähmung erhält die Lunge keine Impulse mehr für ihre Tätigkeit. Sie quittiert den Dienst, während das Herz noch eine ganze Weile treu und brav weiterschlägt.

Darüber dachte ich des langen und des breiten immer wieder nach. Zeit hatte ich ja zur Genüge.

Und gerade wollte ich mal wieder den anderen Fall durchspielen: die Konfrontation mit den Menschen – da standen, wie hingezaubert, drei Yanonámi mitten vor mir auf dem Weg!

Lächeln wollte ich, mich tief und demütig verneigen, leere Hände vorzeigen ...

Es war nicht nötig. Das erkannte ich im selben Moment, als ich die Männer da stehen sah. Sie waren es, die lächelten, sie gestikulierten freudig mit den Armen und ihren Bogen. Kein Zeichen, keine Spur von Feindseligkeit, geschweige denn Angst. Einen besseren »Einstieg« hätte ich mir nicht wünschen können.

Alle drei Männer waren kleiner als ich. Sie hatten die traditionelle Pony-Frisur. Zweien sproß ein dürrer Kinnbart, wie man ihn von den Chinesen kennt. Die Oberarme waren mit Mutum-(Hühnervogel), Tukan- und Ara-Federn geschmückt. Am auffallendsten aber war ihr hochgebundener Penis. Sie trugen um die Taille eine dünne Schnur, mit der sie ihn an der Vorhaut befestigten. Erst dann, so hatte ich gelesen, fühlte ein Yanonámi sich richtig angezogen. Nie würde er ihn unter der Hüftschnur hervorziehen, es sei denn zum Urinieren oder Kopulieren.

An mir hatten die drei Yanonámi wohl ebensoviel zu bestaunen. Sie berührten neugierig die Brusthaare und diskutierten ausgiebig auch die an Rücken und Beinen.

Sie selbst waren ganz glatthäutig. Es fiel ihnen auch auf, daß ich auf dem Kopf recht wenig Haarwuchs aufweisen konnte. Vielleicht kannten sie solche Kahlhäuptigkeit, vielleicht hielten sie es für eine Sitte unter uns Weißen, denn sie selbst hatten eine Tonsur, also eine freirasierte Stelle auf dem Hinterkopf.

Nun, diese Musterung ging mehr nebenbei vonstatten. Am meisten beeindruckten sie meine Kanister.

Die Männer kamen von der Jagd. Einen Papagei hatten sie erlegt, der einem von ihnen über der Schulter hing.

Ihren Gesten entnahm ich: »Hier im Süden gibt es nicht mehr viel Wild. Oben im Norden werden wir mehr Glück haben.«

Es beruhigte mich ein wenig, daß auch sie keine größeren Tiere gesehen hatten. Der Wald war überjagt. Welch Wunder auch, wenn man bedachte, daß allein am Nebenflüßchen Deminizinho zur Piassaba-Erntezeit 41 Siedler lebten, die täglich auf die Jagd gingen, um ihr karges Einkommen auf diese Weise aufzubessern. Eurico, der Ladenpächter, hatte mir das berichtet.

Der Wildrückgang erfolgte seit Jahren und allmählich. Daß man nicht immer Jagdglück haben konnte, waren Tatsachen, die alle Völker zu allen Zeiten hatten. Auch die Urgroßväter der Yanonámi hatten immer schon Glück und mal Pech gehabt – auch, als es noch gar keine Weißen hier gab.

Man gab – wie ich später erfuhr – nicht den Siedlern die Schuld. Man wandte sich eindringlicher an die Geister und bat sie um mehr Fortune für morgen, wenn man nach Norden gehen würde, wo der Wald noch einige Reserven zu bieten hatte. Nach Norden, wohin die Siedler nicht kamen. Jedenfalls noch nicht.

Ich war durch die Begegnung und die Pause neu belebt. Vergessen war die Schwäche, die sich nach drei Tagen unzureichender Nahrung zusehends durchsetzte.

Ich wollte gern weiter zu »Tushaua (Häuptling) Arakeen«, dessen Namen mir Tatunca Nara genannt hatte. Sie nickten, denn ein anderes Ziel konnte man hier gar nicht haben.

Mühelos warf ich das Gepäck auf den Rücken und wollte meinen Pfadfindern folgen. Doch da erntete ich Protest. Ich mußte die Last sofort absetzen und die Kanister aufteilen. Jeder nahm einen, und mir blieb nur das Aluminium-Gestell. Frei und leicht wie eine Feder im Wind hüpfte ich vergnügt hinter den Jungs her.

Nach vier Stunden ohne Pause – aber unter ständigem heiterem Palaver – wurde der Weg allmählich breiter, und am Nachmittag – es war mein dritter Tag im Urwald – stand ich vor der ersten Maloka, dem ersten Dorf.

»Wie ein Zirkuszelt«, war mein erster Gedanke. Auf einer großen freien Fläche stand ein Rundbau: Pfahl an Pfahl, die Außenwand nur 150 cm hoch. Das Rund 80 Meter im Durchmesser. Von der Außenwand stieg das Dach schräg nach innen zur Mitte

empor. Mindestens 10 Meter hoch. Mit Ästen, Lianen, Palm-
blättern und Gras war alles verflochten und abgedichtet.
Gebückt trat ich durch einen der insgesamt fünf Eingänge in das
Innere der Maloka.

Im Dorf

»Leg dich sofort in deine Hängematte!«
Häuptling Arakeen – so gastfreundlich und herzlich er einerseits
war – packte mich energisch am Arm und drängte mich zu meiner Schlafstelle.
Ich hatte, mit seiner Billigung, das Rauschmittel Epená geschnupft. Im »Glückszustand« hoffte ich an die anderen Tänzer
ranzukommen, ihre bunten Körperbemalungen fotografieren zu
können. Vorher hatte man mich strikt abgewiesen. Es war schier
zum Verzweifeln.
Ohnehin hatte ich immer schon vorgehabt, das Pulver zu erpro-
ben, weil es von vielen Ethnologen erprobt und als sehr stimulie-
rend, aber vor allem als unschädlich beschrieben wurde.
»Wer Epená inhaliert hat, fühlt sich als Riese unter Riesen«, hieß
es überall. Das wollte ich selbst erleben. Einmal über meine bescheidenen 175 cm hinauswachsen, ohne auf einen Stuhl steigen
zu müssen.
Die Yanonámi stellen das Pulver aus bis zu sieben Zutaten her.
Es sind alles Pflanzenteile, die über dem Feuer oder in der Sonne
getrocknet und dann in einer Paranußschale (wie die der Kokos-
nuß) staubfein gemörsert werden. Mit feinsten Palmfasersieben
wird das Grobe so lange herausgeseiht und erneut zerstoßen –
bis wirklich alles durchs Sieb hindurchfällt, bis alles zu Staub
geworden ist.
Bei ihren Festen, vor Krankenheilungen, aber auch ohne jeden
Anlaß – einfach aus Spaß daran – lassen sich die Männer das Pulver mittels eines meterlangen Rohres durch ein Nasenloch in den
Kopf blasen. Sie sitzen dabei in der Hocke.

Im ersten Moment meint man, der Kopf flöge auseinander. Die ätherisch wirkenden, feinen Staubpartikelchen erreichen den letzten Hohlraum. Sofort setzt ein starker Speichel- und Tränenfluß ein. Die Nase läuft löffelweise und mit dem Schleim spült auch ein Teil des dunklen Pulvers wieder heraus. Kein appetitlicher Anblick.

Es wird mehrfach hintereinander geblasen, bis der Berauschte meint, daß er genug genommen hat. Nun hockt ein ein Weilchen in abwartender Stellung, stößt Urlaute aus, verdreht unbewußt die Augen und fängt an, sich schaukelnd zu bewegen. Schließlich steht er auf, stimmt einen Gesang an und beginnt, mit einem oder mehreren Pfeilen in der Hand, zu tanzen.

Wenn die euphorische Wirkung nachläßt, schnupft der Tänzer erneut oder er geht zurück zu seiner Schlafstelle, um auszuruhen.

Hin und wieder erlebte ich Gruppentänze. Dann hatten sich die Männer phantasievoll rot und schwarz bemalt, mit Punkten, Ringen und Wellenlinien. Es war ein schöner Anblick, den ich gern fotografiert hätte.

Aber bei den Gemeinschaftstänzen wurde mir das verwehrt. Ich war noch zu kurze Zeit bei den Yanonámi. Das Vertrauensverhältnis war zu schwach. Was mir blieb, waren Einzeltänzer, weniger dekorativ geschminkt.

Deshalb und aus Neugier hatte ich nun geschnupft. Das Pusterohr hatte Arakeen mir verweigert. »Du kannst das Pulver vom Handrücken einziehen.«

Die Sekretion erfolgte auch bei mir augenblicklich. Die Umstehenden lachten und nickten beifällig. Sicher bekamen meine Augen gerade den verklärten Blick – Zeichen für die beginnende Wirkung.

Nun lag ich, statt zu tanzen, in der Hängematte und meine Fotomotive stampften ohne mich dahin und daher.

Auf scheinbar dürren Beinen, wie auf Schuhen mit hohen Absätzen, war ich in mein Lager zurückgeführt worden. Etwas »erhöht« hatte ich mich gefühlt, als Riese jedoch keinesfalls. »Du hast wohl zu wenig genommen«, folgerte ich daraus. Aber meine

Schweißausbrüche, das etwas fiebrige Gefühl reichten mir, denn es war das allererste Mal im Leben, daß ich ein Stimulativ genommen hatte. Noch nie hatte ich Haschisch probiert, geschweige denn stärkere Drogen.

Um etwas Nützliches zu tun, schrieb ich meine Gefühle ins Tagebuch.

Als ich nach einer halben Stunde allmählich ernüchtert war, schaute ich mir die Handschrift wieder an. Sie hatte sich mit zunehmender Giftwirkung nicht verändert. Derselbe Versuch unter Alkoholeinwirkung hätte ein sich verschlechterndes Schriftbild gezeigt.

Ich wußte während des Rausches immer genau, was ich tat und auch die Tänzer selbst waren bei vollem Verstand. So sehr sie in Trance schienen, so reaktionsschnell verboten sie mir das Fotografieren, wenn ich es bei anderen Gelegenheiten später erneut versuchte, weil ich hoffte, wir wären uns schon näher gekommen.

Deutlich erinnere ich mich an ein besonders großes Fest. Die berauschten Männer tobten und tanzten von »Haus« zu »Haus«, um mit viel Gestik die guten Geister zu beschwören und die bösen zu verjagen. Die Männer wirkten auf mich, wie daheim Betrunkene. Als sie allmählich auf mein Lager zukamen, war ich in Alarmbereitschaft – auf dem Sprung, ihnen auszuweichen. Aber weder die Frauen noch die Kinder noch gar die Tiere zeigten die geringste Furcht – das beste Zeichen, daß mit diesem Rausch keine Gefahr verbunden war. Und so war es auch tatsächlich. Ich war be»geistert«.

Es war der vierte Tag in Arakeens Maloka. Ich trug mich schon mit dem Gedanken, weiterzulaufen, weiter nach Norden, zu weniger von der Zivilisation beeinflußten Menschen. Denn Arakeens Stamm war bereits deutlich von uns Weißen ›gezeichnet‹. Jede Familie besaß einen Metalltopf, viele ein Messer, Angelhaken und – irgendwo im Gebälk – eine Hose, ein Kleid, einen Büstenhalter. Denn Arakeens Leute hielten losen Kontakt zu Euricos Laden und dort sollten sie sich anpassen, also bekleiden. Das hieß nun aber nicht logischerweise, daß die Weißen sich den Indianern anpaßten und ihre Kleidung ablegten, sobald sie deren Siedlungen betraten.

»Schließlich sind wir die ›Zivilisierten‹. Was wir machen, ist richtig und diese ›Wildlinge‹ haben sich anzupassen.« So die allgemeine Meinung. Und so heißen sie ja auch bis heute in vielen Medien und Berichten »Wilde«.

Daß Indianer überhaupt Menschen sind und nicht Tiere, auf die man Jagd machen kann, wissen wir – Gott sei's gedankt! – seit Papst Paul II. in einer Bulle des Jahres 1537 verkündet hatte, Indianer seien wirkliche Menschen, die frei über sich und ihr Eigentum verfügen könnten.

Diese Feststellung änderte leider nichts daran, daß es nachgewiesenerweise bis in die 60er Jahre hinein regelrechte Jagden auf Indianer gegeben hat nach der Devise »Was machen wir am Wochenende? Sollen wir mal ein paar Indios schießen gehen?«

Die Yanonámi Arakeens haben diese bitteren Erfahrungen noch nicht gemacht. Sonst wäre meine Aufnahme durch den Häuptling nicht so betont herzlich gewesen. Mit viel Hallo und noch mehr Neugier in den Augen standen die Leute um mich herum, nachdem die hilfsbereiten Jäger mich im Dorf abgeliefert hatten.

Man reichte mir sogleich eine Cuia (Kürbisschale) Mingau (Bananenbrei), der überraschend delikat schmeckte. Man hatte Bananen mit der Hand zerquetscht und mit etwas Wasser gekocht. Erst dabei entfaltete sich der süßsaure Geschmack, und die Suppe wurde sämig infolge der Stärke, die Bananen enthalten.

Unter regem Pusten löffelte ich sicherlich zwei Liter der köstlichen Fruchtspeise und hatte dabei reichlich Gelegenheit, mir die Maloka anzuschauen.

Eine Maloka ist kein Dorf nach unserem Verständnis. Es ist vielmehr ein imposanter Rundbau, wie schon angedeutet, circa 80 Meter im Durchmesser. Wie ein überdachtes Stadion, das in der Mitte offen ist, war mein erster Eindruck. In diesem großen Rund hat jede Familie einen Abschnitt von 5–10 Metern. Dort hängen ihre Hängematten, dort brennen ihre Feuer.

Besonders gegen Abend wird sich kein fremdländischer Besucher dem Eindruck entziehen können, den die 30–50 Feuer hervorrufen. Sie glimmen oder lodern, eins neben dem andern, und versorgen die Schlafenden mit Wärme, dokumentieren Zusammengehörigkeit.

Da »meine« Yanonámi keine Decken, auch keine Felle, besitzen, ist das Feuer für sie lebensnotwendig. Es wird unter allen Umständen entzündet und während der ganzen Nacht immer wieder neu geschürt. Je mehr die Flammen in sich zusammenfallen, desto weiter recken die Schlafenden einen Arm oder ein Bein in Richtung Glut, um die Wärme über diese »Leitung« auf den Körper zu übertragen. Bis die Kälte sie zwingt, Holz nachzulegen.

Abends war die Zeit des Hauptessens. Ich wurde von Arakeen verpflegt, aber auch ständig an andere Töpfe gerufen.

Als die Dorfgemeinschaft eines Tages sechs männliche Wildschweine (Pekaris) erbeutet hatte, schien es mir, als hätte Arakeen sämtliche Genitalien in seinem Topf. »Alemão, dann wirst du so potent wie ich!« Er reichte mir einen Penis nebst Gehänge. Den Rest aß er fast allein und wies stolz auf seine drei Frauen.

»Sie haben ein und denselben starken Mann: Mich, Häuptling Arakeen!«

Übrigens nannten mich alle Alemão, Deutscher, denn Rüdiger oder auch nur Rudi zu sagen, fiel ihnen schwer. Und Alemão kannten sie schon aus dem Portugiesischen, das einige von ihnen gut sprachen.

Ich meinerseits nannte sie nur Yanonámi, denn ihre echten Namen verraten sie nicht. Sie nennen sich, angepaßt, Antonio, Mario, João, Gabriel, usw. Nicht einmal die eigenen Eltern sprechen die Namen laut aus, denn dann könnte »die Seele Schaden nehmen«. So rufen sie einander etwa so: Du Mutter des Kindes, du großer Jäger, du Frau meines Sohnes oder ähnlich. Und ich rief sie allesamt Yanonámi.

Sobald es dunkel wurde, war jedermann »zu Hause«. Nachts lief niemand durch den Wald. Zuviele Gifttiere sind nachtaktiv. Man würde irgendwann Schaden nehmen. Also ist man rechtzeitig daheim oder im nächtlichen Waldlager am Feuer. Die Dorfeingänge wurden bei Dunkelwerden verrammelt gegen mögliche Überfälle. Wer nun noch »austreten« mußte, machte dies innerhalb der Maloka. Im Innenkreis des großen Rundes gab es faustgroße und armtiefe Löcher, in die man hockend urinierte. Anschließend wurden die »Toiletten« mit einem Stück Holz zugedeckt.

Mehrmals gesellte sich Mauricio, Arakeens ältester Sohn, zu mir. Er sprach gut Portugiesisch.

»Das habe ich in Manáus gelernt«, offenbarte er mir.

»Wie bist du denn da hingekommen?«

»Die FUNAI hat mich mitgenommen. Sie hofften, daß es mir gefiele und ich dortbliebe.«

»Und hat es dir nicht gefallen?«

»Nein, die Menschen in der Stadt hatten fast alle Bäume abgeschlagen. Es war unerträglich heiß. Und anstatt nackt herumzulaufen wie wir, behielten sie die Garderobe an. Weil sie dann aber schwitzten, erzeugten sie mit Maschinen kalte Luft in den Zimmern. Ich bin damals sehr krank geworden.«

Es hatte Mauricio auch aus anderen Gründen nicht gefallen. »Hier im Wald bin ich gut. Ich kenne und kann alles, was ein Indianer zum Leben braucht. Aber dort in der Stadt konnte ich gar nichts. Ich fand nicht einmal die Wege. Ich war dumm. Die Menschen waren nett zu mir. Aber sie sind mir fremd geblieben. Es gibt so viele, viele von ihnen. Sie laufen aneinander vorbei, und niemand kennt den anderen. Hier im Wald ist das anders. Und deshalb gehe ich auch nie wieder fort von hier.«

Während Mauricio langsam wieder an sein Feuer zurückschlenderte, zu seiner hübschen jungen Frau, beobachtete ich die drei Ehefrauen des Häuptlings. Sie schliefen um ein eigenes Feuer, wirkten sehr apatisch und hatten häufig miteinander Streit. Ein Liebesleben unserer Anschauung dürfte nachts kaum stattfinden, weil jeder unter Beobachtung durch Nachbarn steht. Auch bei den Yanonámi gilt die Sitte, »Liebe« nicht vor Zuschauern zu praktizieren. Das besorgt man tagsüber im Wald.

Um sich den Wonnen ungestört hingeben zu können, legt man das Liebeslager mit großen Blättern aus. Wer da glaubt, darauf verzichten zu können, wird es bald bereuen. Dafür sorgen Ameisen, Dornen oder die ätzende Mikroflora. Liebe im Urwald – gar nicht so einfach.

Dabei muß der Yanonámi-Mann vielerorts noch höllisch aufpassen, daß seine Frau nicht geraubt wird. Bei Überfällen auf fremde Dörfer ist es gang und gäbe, daß die jungen Frauen geraubt werden.

Geraubte Frauen werden im neuen Dorf zunächst unter Aufsicht gestellt. Dann kann es ihnen geschehen, daß sie eine Massenvergewaltigung über sich ergehen lassen müssen, eine ›liebe Tradition‹, zumindest im Verständnis der Yanonámi.

Und schließlich kommt der Tag, wo die Frauen »geheiratet« werden, das heißt, wo jeweils ein Mann sich für eine oder mehrere entscheidet. Aber ganz sicher kann er ihrer erst sein, sobald sie ein gemeinsames Kind haben. Männer, die keine Frau besitzen, haben sexuelle Rechte bei den Frauen ihrer Brüder. »Ein Brauch, der auch der Homosexualität vorbeugen könnte. Dennoch nimmt diese Unsitte unter beiden Geschlechtern bedenklich zu.« (Keith Wardlaw, Missionar)

An all diese Gepflogenheiten mußte ich denken, wenn ich das Tun und Treiben um mich herum beobachtete. Ich mußte auch an Missionar Koops Worte denken: »Die Haumesser wird man Ihnen schon im ersten Dorf abnehmen.« In diesem Punkt hatte er nämlich recht behalten. Mit unendlicher Geduld hatten Arakeen und seine Männer mich bearbeitet. Vom Lächeln übers Betteln bis hin zum Fordern und Bösewerden reichte ihre Trickskala. Und sie hatten damit Erfolg gehabt. Ich besaß gerade noch mein eigenes Messer. Und ich mußte es höllisch verteidigen. »Dies ist mein letztes, mein eigenes!« Fast klang es schon wie ein Notschrei. »Das brauche ich selbst.« Und das respektierten sie dann auch. Eins darf jeder haben. »Aber was darüber hinausgeht, gehört allen.« Ich mußte mich fügen, wollte ich mir die Gastfreundschaft nicht verscherzen.

Als meine Messer »ausverkauft« waren, kamen die Angelhaken

dran, die Nylonsehne, die Spiegel. Nur die Medikamente wollte niemand. Sie wurden zum Ladenhüter.

Einige wenige Dinge konnte ich aus dem Dorf schmuggeln und als Reserve vergraben.

Ein einziges Mal wurde ich bestohlen: Mein Repellex (eine insektenverscheuchende Flüssigkeit zum Einreiben) hatte einer unbekannten Frau die Sinne verwirrt.

Hielt ich selbst das Mittel für geruchsneutral, die Indianerinnen fanden es hinreißend, betörend, umwerfend. Das entnahm ich ihren Ausrufen, den Mimiken. Und als ich es wieder mal benötigte, war es futsch. Wie bei allen Naturvölkern der Erde hätte ich nur zu Arakeen zu gehen brauchen. »Hast du zufällig mein ›Parfum‹ gefunden? Ich habe es verloren.« Jeder ehrenwerte Tushaua hätte es innerhalb kürzester Zeit wieder beschafft. Aber ich verzichtete darauf. Wollte ich schließlich den Urwald (fast) wie ein Indianer erleben, durfte ich auch nicht herumlamentieren, nur weil mein Insekten-Schreck verschwunden war. Ich ertappte mich aber dabei, wie ich wiederholt von Weib zu Weib schlich und heimtückisch an ihnen herumschnupperte. Das Repellex blieb verschwunden. Juckijucki nochmal!

So stand ich dann wie die anderen Indios Tag für Tag, je nach Dringlichkeit, über dem Rauch und der Hitze des Holzfeuers, um zumindest Flöhen und Läusen die Flausen aus dem Kopf zu treiben, mich als Wirtsherrn zu benutzen. Natürlich wurde ich ihrer nicht Herr. Zu leicht war es für sie, mich von überallher erneut anzuspringen oder anzukrabbeln, wenn ich auf irgendwelchen Hängematten zu Gast war.

Eine weitere Lösung war das gegenseitige »Flöhen«. Der geringste bittende Blick genügte, bei den gleichermaßen heimgesuchten Indianern Solidaritätsgefühle auszulösen. Mit regelrechtem Enthusiasmus umringten sie mich dann, und wir suchten einander die Plagegeister aus dem Pelz.

Jeder Fund wurde begeistert aufgenommen und in den Mund gesteckt. Nur im Magen konnte man sicher sein, daß er nicht noch weiteres Unheil anrichtete.

Yanonámi-Land ist auch berüchtigt für seine Sandflöhe. Mit ihren Präzisionsgeräten bohren sich die Hopper unbemerkt ins Fleisch, gern unter die Fußnägel, und legen dort in Seelenruhe ihre Eier ab. Erst wenn die Gelege für eine Vereiterung sorgen, bemerkt man die Fremdlinge. Doch dann setzte schon wieder die Fürsorge meiner Gastgeber ein. Mit einer Nadel oder einem Dorn und viel Geschick pieksten sie mir die Eier-Eiter-Stränge heraus. Zurück blieb ein Krater pro Flohnest. Pro Tag etwa 5 im Durchschnitt.

Es gab Indianer, die durch Sandflöhe bereits ihre Fußnägel eingebüßt hatten. Es gab Hunde, die so voller Ungeziefer waren, daß sie vor Kratzerei kein einziges Haar mehr hatten und nur noch vor sich hinwinselten. Am liebsten hätte ich sie von ihren Qualen erlöst. Aber ich wagte es nicht, aus Angst ein Tabu verletzen zu können.

Es gab im übrigen viele gezähmte Tiere in Arakeens Maloka: Papageien, Tukane, Schildkröten, Affen, Gürteltiere, Mutums und junge Schweine. Manche wurden wie Kinder gehegt. »Dieses Schwein werden wir nie essen«, beteuerte eine junge Frau, die ein Ferkel säugte. Liebevoll schaute sie es an. Es war ihr Kindersatz. Die Kinder-Sterblichkeit ist hoch. Und während sie ihr Schweinchen noch zärtlich tätschelte, blinzelte mir ihr Mann heimlich und vielsagend zu und bedeutete gestenreich: »Wenn es groß ist, schneiden wir ihm die Kehle durch.«

Im allgemeinen aber ging es den Tieren nach unserem (europäischen) Tierliebe-Verständnis schlecht. Sehr schlecht sogar, und ich war heilfroh, keinen Hund als Geschenk mitgebracht zu haben. Wenn ein Tier störte, dann setzte es nicht etwa nur einen warnenden Klaps – dann flogen Pfeile, gezielt geschossen, oder es krachten schwere Holzstücke mit voller Wucht auf die Rükken der Tiere. Zweimal verendete eins infolge dieser Radikalbehandlung vor meinen Augen.

Allein weiter

»Wie stellst du dir das vor? Es gibt weder Boote, noch können wir schwimmen! Und ihr müßt über einen großen Fluß.«

»Das ist kein Problem, Arakeen. Aus meinen Kanistern können wir einen Schwimmgürtel machen.« Wie der aussah, hatte ich tagsüber den Kindern im nahen, flachen Fluß gezeigt. Begeistert hatten sie ihn alle erprobt.

»Sie werden sich wundern«, erinnerte ich mich einer Prophezeiung des Padre Pedro aus Barcelos. »In ihren heimischen Wassern schwimmen die Indios wie die Fische. Und woanders wagen sie gerade, aus den Flüssen zu trinken oder allenfalls über wackelige Baumstämme ans andere Ufer zu balancieren. Aber vorm Schwimmen haben die, die nicht an großen Strömen wohnen, panische Angst.«

»Arakeen, ihr besucht doch die Schiriana (XIRIANA) und sie besuchen euch. Warum könnt ihr denn immer dann schwimmen, wenn *ihr* sie besuchen geht?«

Arakeen blieb hart. »Die Schiriana haben Boote. Und wenn wir sie besuchen, kommen sie uns mit den Booten entgegen und setzen uns über den großen Fluß.«

Oh, Geduld, verlaß mich nicht! Es drängte mich. Ich wollte – nach einer knappen Woche – weiter zu den Schiriana im Norden. Dafür erhoffte ich mir einen Begleiter. Aber Arakeen wollte nicht. Als die umherstehenden Kinder ihm erklärt hatten, wie toll mein Schwimmgürtel sei, waren es plötzlich »die Krokodile und viele, viele Piranhas«.

»Arakeen, du weißt wie ich, daß die Piranhas nicht beißen. Ich werde als erster schwimmen.«

Schließlich wurde er weich. Nicht zuletzt, weil seine Tochter Claudeesch ihm zugeredet hatte. »Laß ihn doch gehen. Er wird schon selbst sehen, daß der Fluß wirklich groß ist und nicht so klein wie der unsere. Und dann kann er immer noch umkehren.«

Claudeesch half mir nicht ganz uneigennützig. Ich hatte ihr meinen Spiegel versprochen. Und der Spiegel war meine Rettung. Sonst hätte ich schon hier erfolglos umkehren können, hätte einen besseren Einschlupf suchen müssen.

»Gut, Mario wird dich begleiten. Morgen früh könnt ihr gehen.« Er küßte mich väterlich.

Mario war klein und nach Selbsteinschätzung »schwach«.

»Nimm kein Gepäck mit. Der Weg ist weit. Wir laufen drei Tage.« Ich bekam Reisefieber. Ich sortierte aus, was ich aussortieren konnte. Aber das waren hauptsächlich Medikamente. Alles andere erschien mir wichtig. Schließlich packte ich auch nach anderen Kriterien als Mario. *Er* war überzeugt, der Demini wäre unsere Endstation. Ich hingegen war sicher, unter allen Umständen weiterzugehen.

Am Rio Toototobi entlang wollte ich in Richtung Venezuela marschieren. Bei den New-Tribes-Missionaren erhoffte ich mir neue Vokabeln aus deren Privatlexikon, um damit auch mit solchen Indianern reden zu können, die kein Portugiesisch beherrschten.

Im großen und ganzen wollte ich mich aber treiben lassen. Es war mir egal, ob ich in Brasilien blieb oder über das Gebirge (Serra Gurupira) nach Venezuela mußte, um auf weitere Yanonámi zu stoßen.

Zur Orientierung hatte ich einen Kompaß, den ich aber kaum benutzte. Die Himmelsrichtung zeigt einem eh die Sonne. Und der Weg wird weitgehend vom Dschungel vorgezeichnet, wie im Gebirge, wo man auch nicht stur geradeaus gehen kann.

Die Rückkehr wäre auch ohne Kompaß kein Problem. Diesseits der großen Serra flossen alle Bäche in den Rio Negro, Brasilien, und jenseits in den Orinoco, Venezuela. So einfach war das.

Nach diesen Gesichtspunkten hatten sich die Venezolaner und Brasilianer auf ihre gemeinsame Grenze geeinigt, das »Niemandsland« geteilt. Für die Yanonámi ein unbekannter Vorgang. Sie leben hüben wie drüben. Die Staatsgrenze hat nur für uns Weiße Bedeutung. Ich hatte kein Visum für Venezuela.

Würde ich drüben in Venezuela auftauchen müssen, wollte ich den Behörden eine Geschichte erzählen von »Fieber und Bewußtlosigkeit« und Indianern, bei denen ich »erwachte, und die mich gesund pflegten«. Aber warum sollte ich mir jetzt schon den Kopf über das Morgen zerbrechen? Kam Zeit, kam sicher auch Rat.

Am nächsten Morgen wollten Mario und ich starten. Als ich aufwachte, sah ich gleich, daß Mario nicht da war. »Er ist jagen«, sagte seine Frau. »Schließlich müßt ihr erst mal gut essen. Euer Weg ist weit.«

Auch am zweiten Tag war Mario fort. »Alle Männer gehen heute Schweine schießen.«

Das konnte stimmen. Denn außer ein paar Alten und Kindern war niemand in der Maloka. Ich war deprimiert. Aber nur eine traurige Stunde lang. Dann erkannte ich die gute Gelegenheit, einfach allein zu gehen. Kurzentschlossen verabschiedete ich mich bei ihnen, nahm meine drei Kanister und verließ das Dorf.

Ein zehn Meter breiter Weg, fast eine »Autobahn«, führte durch aufgeweichtes Gelände, vorbei an einigen Maniok- und Bananenplantagen. »Diesen Weg hat die FUNAI gemacht, damit deren Männer leichter zu uns kommen können«, hatte mir Arakeen mal erklärt. »Am unteren Demini hat die FUNAI einen ihrer Sperrposten.«

Ich fühlte mich fit. Meist war ich satt geworden an Arakeens Töpfen, und das reichte für ein paar Tage, denn jetzt lief ich wieder ohne Nahrung. Ich konnte schließlich nicht das Dorf verlassen und mir einfach Bananen mitnehmen.

Nach zwei Stunden war der deutliche Weg zu Ende. Er war allmählich immer mehr überschwemmt gewesen und löste sich dann vollends auf, als ich den Fluß erreichte. Ein hölzernes Dach über einem erhöhten Podest für die ankommenden FUNAI-Leute und deren Gepäck war das letzte Zeichen der Zivilisation. Jetzt hieß es, den Weg, einen Übergang über den Fluß allein finden. Das Suchen, das Gepäcktragen hatten Kraft gekostet. Ich setzte die Last ab. Vorsichtshalber vertäute ich die Kanister an einem Busch und watete brusttief von Baum zu Baum, um an immer neuen Stellen eine »Brücke« über das reißende Wasser zu suchen.

Als ich sie endlich gefunden hatte, ergab sich die Schwierigkeit, zum Gepäck zurückzufinden. Jeder Quadratmeter schien mir wie der andere auszusehen. Wo hatte ich es, verflixt noch mal, abgestellt?

Ein Indianer hätte über soviel Blindheit seinen Kopf geschüttelt. Für ihn sind jeder Baum, jeder Busch, jeder Zweig unverwechselbar. Was er einmal – selbst im Kindesalter – gesehen hat, erkennt er noch nach Jahren wieder.

Dafür finden wir uns mühelos in Städten zurecht. Wir orientieren uns an Häusern, Parks, Straßennamen. Und das wiederum sind für den Indianer keine Anhaltspunkte. Er braucht grüne Blätter, Flüsse, Berge.

Das treffendste Beispiel dafür hatte mir Mauricio, Arakeens etwa 25jähriger Sohn, erzählt: »Als ich das erste Mal die Dörfer der Weißen sah, war ich völlig hilflos. Es gab unzählige Pfade in alle Richtungen. Ich wußte nie, welchen ich nehmen sollte, weil sie alle Bäume abgeschlagen hatten.«

Auch Padre Pedro von der Salesianer-Mission hatte dazu eine Anekdote parat: »Ich hatte einen Indianer in ein kleines Dörfchen mitgenommen. Nie zuvor hatte er eine weiße Siedlung gesehen. Das Dorf war so klein, daß es nur eine einzige Straße gab. Sie verlief parallel zum großen Fluß. Beidseits der Straße je eine Reihe Häuser. An einem Ende der Dorfstraße lag unsere Mission. Am anderen wohnte ein Mann, den ich besuchen mußte.«

Padre Pedro nahm den Indio mit, »um ihm unsere Welt zu zeigen«. Am Ende der Straße bat er ihn, zu warten. »Ich komme gleich wieder. Der Besuch dauert nicht lange.«

Das tat er doch. Mehr noch: Padre Pedro verließ das Haus ganz in Gedanken durch den Hintereingang. »Den Indianer hatte ich total vergessen.«

Erst in der Mission beim Abendbrot, vermißte er seinen Schützling. So sehr er herumfragte, niemand hatte ihn gesehen. Er würde doch nicht etwa noch am Ende der Straße auf den Padre warten?

Doch – das tat er. »Mein Sohn, warum bist du nicht einfach zur Mission zurückgekehrt?«

Ein Jaguar-Pärchen stört mein Camp

Rast unter einem verlassenen Tapiri

Teilansicht einer Maloka

Die Maloka wird ausgebaut

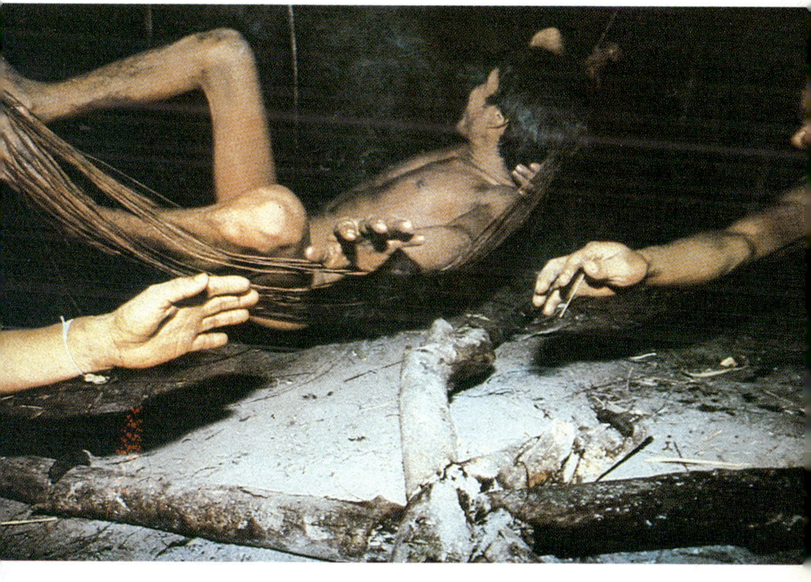

Schlafende am Feuer. Die Arme dienen als „Wärmeleiter".

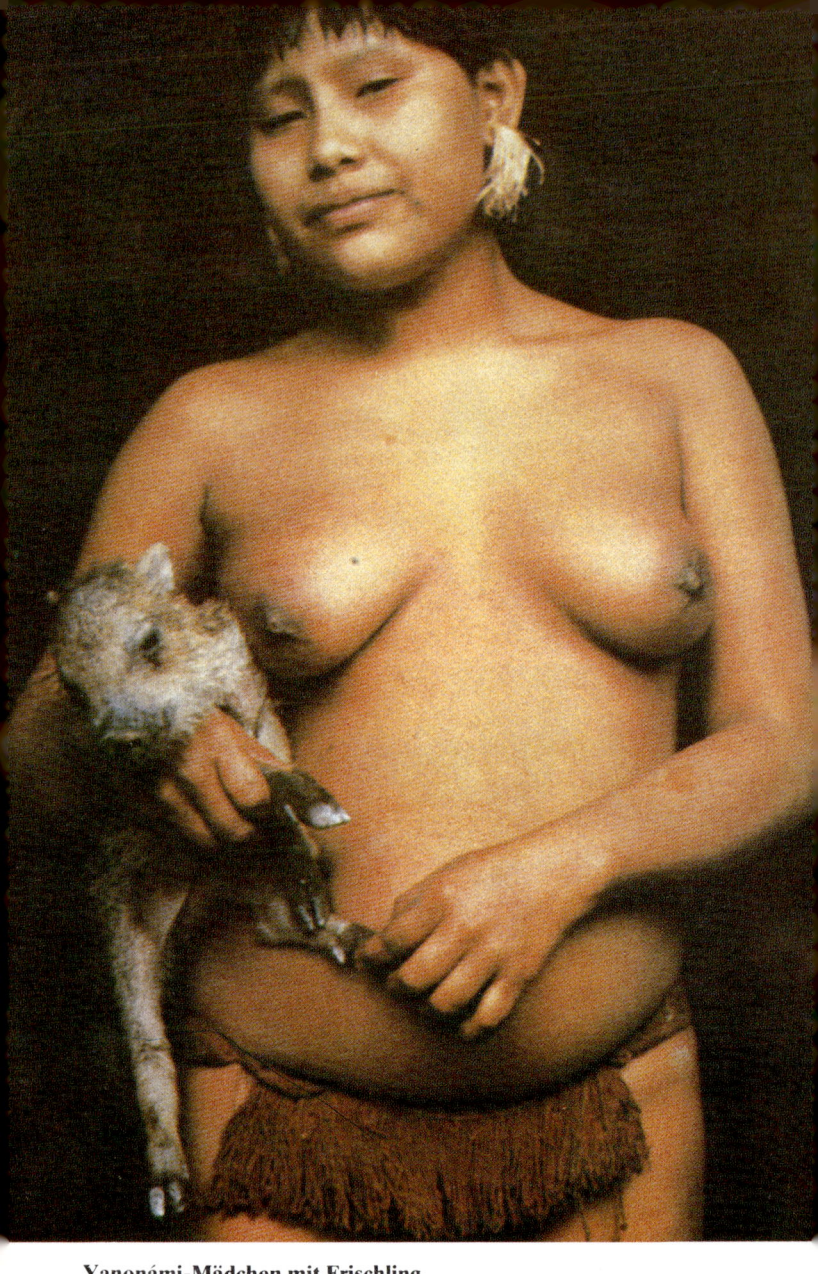

Yanonámi-Mädchen mit Frischling

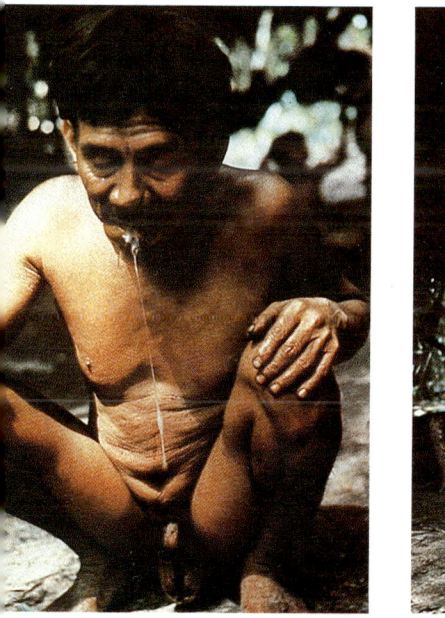

Anwendung und Wirkung des Rauschmittels Epená

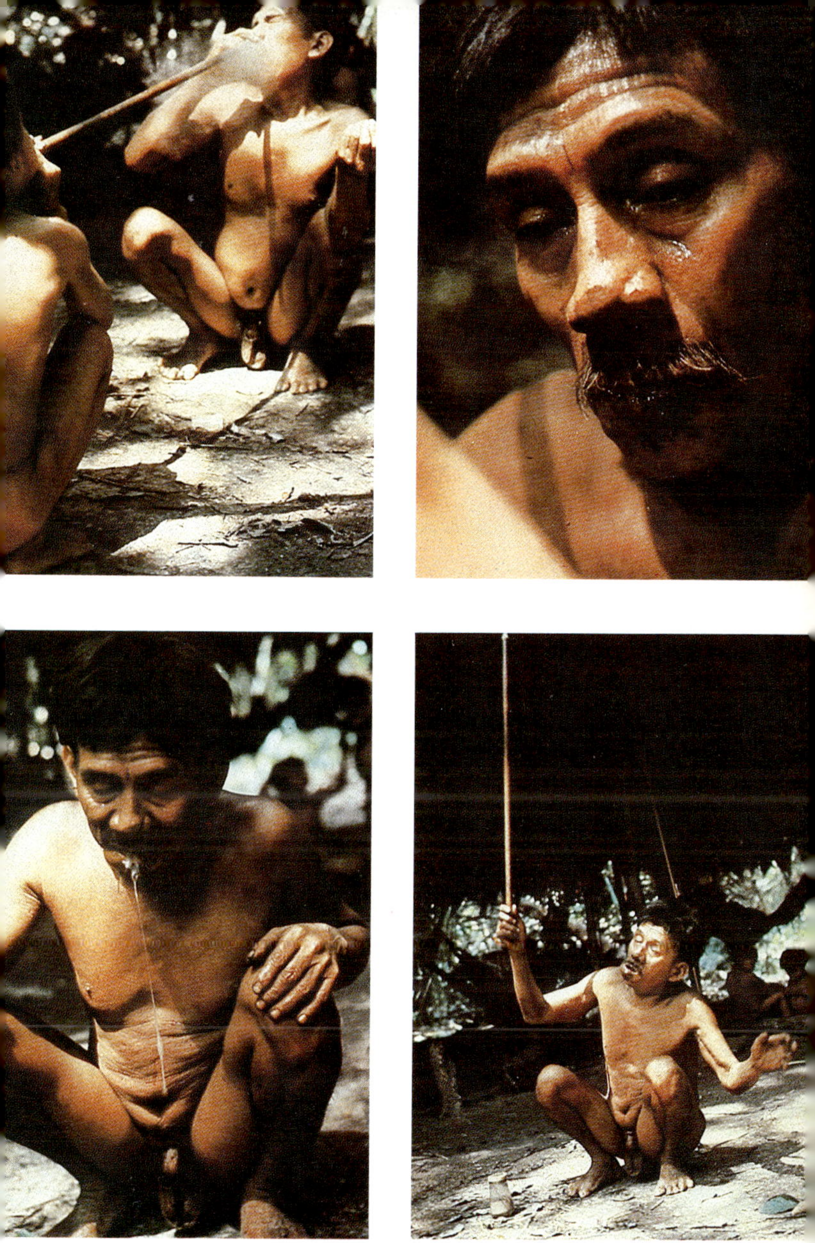

Besuch von einem benachbarten Stamm (Vater und Sohn).

Yanonámi-Kinder freuen sich über den Regen

Mein bisher größter Fang: eine Anakonda

Gegenseitiges Entlausen

Rückfahrt mit dem Floß

Letzte Rast

Der Indianer zitterte förmlich vor Unsicherheit. Er hatte »den Weg nicht gefunden«.

Statt dessen hatte er sich bereits ein Nachtlager gebaut, denn hinter dem letzten Haus begann der Urwald. Der war ihm vertraut.

Ich konnte Pedros »Sohn« das nachfühlen. Es ging mir derzeit keinen Deut, kein Blatt, besser: »Es gab so schrecklich viele Pfade.«

Es war längst Mittag, als ich vorsichtig über den Baumstamm, die Brücke, hinwegzitterte. Eine Liane diente als Geländer. Es war also kein zufällig gestürzter Baum. In der Mitte strömte das Wasser knietief über den Stamm hinweg. Und drüben war nicht nur die Brücke zu Ende – auch der Weg hörte auf!

Da stand ich nun. Es gab viele Möglichkeiten, viele Pfade, denn das Unterholz war nicht besonders dicht. Ich hatte die freie Auswahl. Was anfangs oft ein Pfad zu sein schien, verlor sich nach wenigen Metern im Wasser oder vor verfilztem Gebüsch. Ich war in einem Labyrinth, in einem Irrgarten. Gegen 16.00 Uhr war ich bereits so abgekämpft, daß ich beschloß, auf einem Mini-Hügel, der aus dem Wasser lugte, das Nacht-Camp zu machen, zu verschnaufen, zu neuer Strategie zu finden. So, wie ich bis jetzt gelaufen war, würde ich mich zu schnell verausgaben.

Mit der Wegsuche hatte ich zuviel Zeit vertrödelt. Meine Tagesleistung betrug höchstens fünfzehn Kilometer. Wenn man die zehn Kilometer breiten Wege abzog, blieben fünf Kilometer übrig. Fünftausend Meter an einem halben Tag!

Dazu kam, daß es mit Nahrung schlecht aussah. Einen kleinen Frosch hatte ich gefangen, den ich aus Mitleid hüpfen ließ. Es erschien mir zuviel Aufwand, seinetwegen extra ein Feuer anzuzünden, wo doch alles um mich herum klitschnaß war. Für die nächtliche Kühle hatte ich den Schlafsack. Ich schlief wie ein Murmeltier.

Am nächsten Morgen faßte ich einen Entschluß. Wenn mich der Hunger in den nächsten Tagen nicht bezwingen sollte, mußte ich zügiger vorankommen.

Ich wollte auf die Wegsuche verzichten und so stur wie möglich nach Norden laufen. Nach 3–4 Tagen konnte ich den Demini erreichen. Er war unter keinen Umständen zu verfehlen, denn er floß quer zu meinem Weg von West nach Ost und war breiter als alle Ströme, die ich bisher gekreuzt hatte.

War ich erst einmal über den Fluß hinüber, wollte ich wieder mit meinem Mundharmonika-Spiel beginnen und Menschen anlokken.

Unter den besagten Schwierigkeiten war mir auch klargeworden, daß ich noch immer zuviel Gepäck besaß.

Ein verlassener Gürteltierbau bot sich als Versteck an für alles, was ich erübrigen konnte.

Ich trennte mich kurzentschlossen von meinem Aluminium-Tragegestell, dem Kanister mit den Geschenk-Medikamenten, einer Kamera nebst Optiken und 60 Filmen, dem dicken Tagebuch. Summa summarum: 12 Kilo.

Ich hatte das Depot gut getarnt und versucht, mir seine Lage einzuprägen. Sollte meine zweite Kamera wider Erwarten ausfallen, mußte ich den Platz unbedingt wiederfinden. So markierte ich die Bäume auf einer Achse von einem Kilometer links und einem Kilometer rechts in Ost-West-Richtung (also quer zum Marschweg) und beidseitig, d. h. von Norden wie von Süden her sichtbar mit einer Kerbe.

Ein Indianer würde das Versteck ohne weiteres sofort finden, dessen war ich sicher. Auch solche, die hier zufällig vorüberkämen. Aber ich hatte bei Arakeens Leuten erfahren, daß man fremdes, vorübergehend deponiertes Gut nicht berührte. Dann zog ich weiter. Befreit von Lasten und optimistisch. Ich pfiff sogar etwas vor mich hin. Der Urwald schien in die Melodie einzufallen: Affen kreischten, Schweine preschten davon, Mutums flatterten vor mir in Sicherheit. Und so, wie Geld zu Geld kommt, kam auch bei mir Glück zu Glück. Eine Riesenschildkröte kreuzte meinen Weg. Ich hatte eine runde Mahlzeit! Mein Magen machte einen Salto.

Das Tier wog bestimmt sechs Kilo. Das war die gute Seite des Fundes. Aber damit hatte ich mein Gepäck fast wieder aufs alte Gewicht gebracht.

Doch es half kein Jammern. Solche Chance bot sich nie wieder.

Ich vertäute das Tier mit einer Kordel aus dem Überlebensgürtel und stampfte weiter.

Auch an diesem Tag kam ich nicht sehr weit. Das Tier war sehr unhandlich und hemmte meinen Schritt. Als ich an einem umgestürzten Baum Mengen trockenen Holzes in die Luft ragen sah, machte ich halt.

Es tat mir leid um das Tier. Es hatte zwar seinen schützenden Panzer, aber es war dennoch so wehrlos.

Meine Gedanken wurden abrupt unterbrochen, als ich beim Holzsuchen um Haaresbreite in eine Korallenschlange gegriffen hätte. Korallenschlangen gehören zu den farbenprächtigsten der Welt. »Wenigstens ein Foto!« dachte ich, riß einen kleinen Ast vom Baum, um das Tier damit zu fangen. Aber die Schlange ließ sich nicht halten. Unter zuckenden Bewegungen entwand sie sich mir im dicken, weichen Humus. Der Stock hatte keinen Widerstand gefunden.

Als ich zu meiner Schildkröte zurückkehrte, sah ich alles ungewollt mit anderen Augen. Hier im Wald, zumal unbekleidet und quasi unbewaffnet, denn der Revolver als Jagdwaffe schied aus, war ich ein armseliges Teilchen im Gesamtbiotop. Hier galten wieder die Gesetze der intakten Wildnis, in der nur der Stärkere überlebte. Hier hieß es: Fressen oder gefressen werden.

Ich tötete die Schildkröte verschwenderischerweise mit einem Schuß aus dem Revolver, nahm sie aus und briet sie mir.

Das Tier hatte zehn schalenlose Eier verschiedener Größe in sich, die ich in Blätter wickelte und »kochte«. Sie waren ein leckerer Abschluß.

Das Glück, solch kompakte Nahrung zu finden, hatte ich nicht oft, und jedesmal spürte ich wieder mein schlechtes Gewissen.

Dritter Tag. Drittes Lager allein. Dämmerung. Ich war bereits am Einschlummern, träumte von irgend etwas Schönem, machte Pläne. Da sagte plötzlich neben mir jemand: »Du hast oft nach dem Weg gesucht, Alemão!«

Ich fiel vor Schreck aus der Hängematte! Ein Jaguar hätte mich nicht mehr schocken können.

Mario stand vor mir. »Du bist viel hin- und hergelaufen. Der Weg verläuft weiter im Osten.« Er sagte das alles so nebenbei, als wären wir die drei Tage zusammen gelaufen, als hätte man sich da bereits alles erzählt, als gäbe es nichts Neues mehr.

Ich umarmte Mario spontan. Seine Gegenwart – welch eine Erleichterung! Ich freute mich so, ich empfand eine derartige seelische Entlastung, daß mir vor Rührung ein paar Tränen kamen.

Dieser smarte, kleine Indianer hatte also doch noch sein Versprechen eingehalten. Er war mir auf meinem Zick-Zack-Weg gefolgt und nun spannte er seelenruhig seine Hängematte aus Baumrinde unter mein Blätterdach und kümmerte sich um ein anständiges Feuer.

Mein Glücksgefühl war unbeschreiblich. Ich hatte einen Freund, ein Feuer, ich hatte Geselligkeit, ich würde den Weg finden! Mario wollte ich, wenn ich den Wald verließe, alles schenken, was ich besaß.

Zur Feier des Tages teilte der Indianer seine letzten vier Bananen mit mir. Ich mußte mich richtig beherrschen, um nicht gleich in sie hineinzubeißen und legte sie, wie er, in die Glut. Da brutzelten sie in ihrer eigenen Schale, vervielfältigten ihren feinen Geschmack und belohnten so meine Geduld. Denn ich hatte schon wieder Hunger, weil die Schildkröte ›netto‹, also ohne Panzer, nur eine Mahlzeit ergeben hatte.

Zwei Kilometer war ich schätzungsweise vom Weg abgekommen. Mario ging voran. Wir kamen zügig weiter. Jetzt, wo er voranschritt, erkannte ich den Weg auch ganz klar. »Ja, hier ist er ja auch viel deutlicher«, machte ich mir etwas vor. Denn er war nicht deutlicher. Das merkte ich sofort, als Mario mich vorweg gehen ließ. Alle fünf Minuten korrigierte er meine Richtung. Aber aus diesen Korrekturen ließ sich viel lernen.

Am zweiten Tag war Mario wie verändert. Er war mürrisch, antwortete mir nicht mehr und forderte Tabak. »Wie kann das sein, daß du keinen Tabak hast?«

Ich hatte wirklich keinen.

»Ohne Tabak kann ich nicht laufen.«

Wie alle Yanonámi trug auch Mario sein Tabakblatt zerkaut und als Rolle hinter der Unterlippe. Dort laugte er es aus wie wir einen alten Kaugummi. Bestimmt war keinerlei Nikotin mehr darin. Abends legte er die Tabakrolle sorgfältig an die Seite. Morgens war sie hart. Dann machte er sie mit Speichel oder Wasser und mit Asche aus dem Feuer wieder »gelenkig«.

»Was liegt da in der Asche?« hatten mich die Indianer mitunter gefragt, wenn ich in Gedanken eine Filmschachtel hineingeworfen hatte. Ich selbst konnte sie schon gar nicht mehr wahrnehmen, so verbrannt war sie. Ich hatte es gut gemeint und wollte nach deutschem Schema die Müllflut bekämpfen. »Papier«, sagte ich. Aber die Indios schüttelten verständnislos den Kopf und schoben den Teil der Asche an die Seite. Ganz sicher hatten sie mit der Asche unserer Zivilisationsprodukte schlechte Erfahrungen gemacht. Im nachhinein wurde mir das auch klar: Selbst eine Filmschachtel enthält in Form des Farbaufdrucks Chemikalien, die dem Indianer fremd sind, die giftig sein können, die die Asche verfälschen, welche für ihn Kochsalz-Ersatz, also lebensnotwendig, ist.

Heute störte Mario einfach alles. »Der Fluß ist unvorstellbar breit«, entschlüsselte ich dann sein Brummeln, »von hier bis da hinten.« Er machte eine entsprechende Handbewegung. »Die Piranhas lassen niemanden lebend rüber.«

Da lag also der Hase im Pfeffer: Mario hatte Angst. Spätestens am Demini wurde mir das klar.

Plötzlich teilt sich das Dickicht. Sonne, Licht, Wärme überfluteten uns. Die Kühle des Waldes war unterbrochen, auch die Dunkelheit.

Geblendet und bald auch schwitzend standen Mario und ich nach für mich insgesamt fünf Tagen am Ufer des Demini. »Dort drüben mündet der Toototobi. Du erkennst ihn an dem kleinen Katarakt da vorne.« Auf den Punkt genau hatte Mario den Zusammenfluß der beiden Flüsse gefunden.

Ich badete und mein Magen erinnerte mich sofort ans Angeln. Doch Mario hatte andere Pläne. »Laß uns jetzt umkehren. Du hast gesehen, was du wolltest.« Hatte er gesagt »umkehren«? Ich meinte, nicht richtig gehört zu haben. Umkehren, wo ich doch erst am Anfang stand?

»Wir wollten doch zu den Schiriana«, brachte ich kläglich heraus. »Warte mal, ich zeige dir jetzt mein Boot.«

Ich wollte ihn schnell beschäftigen, bloß keine Angst aufkommen lassen. Vorgestern hatte er mir so viel Mut gegeben, heute sollte es umgekehrt sein. Flugs hatte ich die beiden Kanister, die ich per Kopfband trug, abgesetzt. Ich legte sie mit einem Meter Abstand auf die Erde, packte einen schweren Ast darüber und vertäute das ganze zu einem »Schwimmgürtel«.

»Hol noch mehr von den Lianen«, bat ich Mario. Ich hätte auch von der Perlonschnur im Überlebensgürtel nehmen können, aber ich wollte ihn partout beschäftigen, ihn ablenken von seiner Angst.

Mit indianischer Geschicklichkeit hatte er schnell und geschickt einen stabilen Schwimmkörper gebaut. Als letztes befestigte ich meine sechzig Meter Perlonleine, mit der ich ihn und Mario gegen den Abtrieb sichern wollte. Das Seil reichte bis knapp ans andere Ufer. Bevor Mario die Strömung in der Mitte erreichen würde, würde ich längst drüben sein und konnte ihn nachziehen.

Der Indianer hatte noch kurz und zuversichtlich im flachen Wasser geübt. Ich schwamm los. Als die sechzig Meter Leine ausgelaufen waren, straffte sie sich. Ich schrie: »Loslassen!«, und gab ihm einen Wink. Gleichzeitig schwamm ich kräftiger, um auf jeden Fall schon Boden unter den Füßen zu haben, wenn Mario ins Tiefe kam, in die Strömung. Natürlich konnte er nicht untergehen, aber auf keinen Fall durfte Panik aufkommen. Gut, daß das Seil nicht kürzer war, daß ich ihn nicht schon von der Mitte aus ziehen mußte.

»Der Bursche ist schwer wie ein Stein«, merkte ich schon bald und legte mich noch mehr ins Zeug bzw. ins Wasser. Das Ufer wollte und wollte nicht näherkommen! Vielleicht hatte sich das Floß verhakt. Ich drehte mich um. Und da sah ich die Bescherung! Mario stand bis zur Brust im Wasser und hielt sich an einem weit überhängenden Ast fest.

»Loslassen«, brüllte ich. Diesmal mit Erfolg. Leider mit falschem: Er ließ nicht den Ast, er ließ die Kanister los. Die Strömung packte sie und trieb sie im Bogen flußabwärts. Ich holte sie nah zu mir heran. Dann schwamm ich zurück. »Laß uns umkehren«, bat Mario. Und dann sah ich auch wieder das Zittern.

Ich redete ganz ruhig und lange auf den Mann ein. Ich schwamm ein zweites Mal bis zur Mitte, diesmal die Kanister als Schwimmgürtel nutzend – es hatte keinen Zweck. Mario wollte zurück. Er hockte schon auf dem erhöhten Ufer.

»Dann gehe ich allein weiter«, grölte ich laut über den Fluß. Ich hoffte, er dürfe mich möglicherweise gar nicht allein gehen lassen und würde dann doch noch folgen.

»Kein Piranha, kein Krokodil«, rief ich, so laut ich konnte. Ich glaube, er schüttelte nur den Kopf. Sehen konnte ich es nicht genau auf diese Distanz. Ich erreichte das gegenüberliegende Ufer, nahm die Kanister aus dem Wasser und rief ein letztes Mal.

Und Mario schaute ein letztes Mal. Er rief nichts, er winkte nicht. Das Dickicht hatte ihn plötzlich verschluckt. Mario war gegangen. Ich war traurig, aber ich blieb stur. Entschlossen durchschnitt ich diese vielen Lianen, die die Kanister verbanden, machte ich so gewissermaßen den Rückweg unmöglich. Wenn er mich doch noch heimlich beobachtete, sollte er sehen, daß ich es ernst meinte.

Bei den letzten Lianen machte ich unbeabsichtigt langsamer, leiser, damit ich seinen Ruf nicht überhören würde. Es war wie Pokern. Aber auch Mario blieb hart. Er blieb verschwunden. Was sollte ich machen? Umkehren? Tagelang zurücklaufen zur Cachoeira dos Indios und über den Rio Padauiri einen neuen Anlauf nehmen? In eine Gegend also, von der ich auch nicht wußte, ob es dort günstiger laufen würde.

Ich spannte den Gurt über die Stirn und tauchte mit sehr gemischten Gefühlen in den Wald ein. Ein allerletztes Mal blickte ich mich um. Die grüne Wand blieb geschlossen. »Leb wohl, Mario!« sprach ich laut vor mich hin. Vielleicht mußte ich mir Mut machen. Manchmal dachte ich, es war weniger die Angst, es war mehr die Einsamkeit, die mich verunsicherte. Die Stunden verrannen langsam, das fehlende Gespräch wurde notdürftig kompensiert mit endlosen Gedankengängen. Aber die ersetzten nicht den Freund. Wie oft hatte ich das Bedürfnis, meine Freude und mein Leiden zu teilen – und niemand war da.

Was mir gleich auffiel, waren die vielen Schweine-Fährten. Kreuz und quer verliefen sie. An vielen Stellen war der Schlamm frisch aufgewühlt. Zweimal tobten große Rudel unmittelbar vor mir fort. Die Erde dröhnte. Dazu kamen Affengekreisch und viele Vogellaute. Es schien hier eine viel reichere Fauna zu existieren.

Ich mußte weiter nach Norden. Einfach geradeaus. Zunächst schlängelte ich mich nach Osten, die paar Meter auf den Toototobi zu. Irgendwo auf diesem Weg mußte ich den Pfad nach Norden kreuzen. »Der Weg verläuft immer parallel zum Wasser. Du kannst ihn gar nicht verfehlen. Nach sechs Stunden stehst du in Josés Maloka.«

Mario hatte gut reden – 6 Stunden!

Ich Greenhorn brauchte über einen Tag. Zum einen lag das an der Konditionsschwäche. Zum anderen hatte ich mehrfach gehofft, mich an ein Tier schleichen zu können. Da ich nur den Revolver hatte, mußte ich auf fünfundzwanzig Meter ran und ein Schußfeld ohne Hindernisse haben. Das gelang mir nie, kostete aber Zeit. Doch es stimmte mich immerhin optimistisch. »Irgendwann findet auch ein blindes Huhn mal ein Korn.« Damit hatte ich auch recht. Nur ahnte ich nicht, wie lange das noch dauern würde.

Den Weg fand ich nicht. Dabei gab es viele, die in alle möglichen Richtungen führten. Nur nie dauerhaft nach Norden. Bis ich merkte, daß es wieder mal der Wechsel der Schweine war. Weil der Boden größtenteils überschwemmt war, konnte ich das nicht immer sogleich ausmachen. So hielt ich mich schließlich einfach ein paar hundert Meter vom Fluß entfernt, an eine imaginäre Süd-Nord-Gerade und versuchte mein Glück, Leute zu finden, wieder per Mundharmonika. Aber diesmal kam keine Antwort.

Wegen der Schweine sicherte ich mein Lager jetzt gut ab. Ich hängte meine Schlafstatt zwei Meter hoch zwischen die Bäume und ließ mir auch Zeit für ein gutes Feuer. Drei Winzlinge von Fischchen, mit meinen kleinsten Haken aus einem Bach gezogen, verspeiste ich wie Kieler Sprotten – mit »Haut und Haaren«. Als Nachtisch: Ein ein Meter langer Regenwurm, den ich spiralförmig lose um einen Ast schlang und ebenfalls kurz anbriet.

Mario war ein Prophet: »Nach sechs Stunden stehst du in Josés Maloka«, hatte er gesagt. Und das stimmte (wenn ich die gestrigen vier und die von heute morgen nicht mitzählte).

Baumstummel, die deutlich die Narben der Macheten trugen, waren die ersten Anzeichen menschlicher Gegenwart gewesen. Sie hatten mich auf den Weg geführt, der sich ständig verbreiterte. Und urplötzlich stand ich vor einem Bananenfeld.

Ich brauche sicher nicht zu sagen, daß die Früchte noch sehr klein und ungenießbar waren.

Doch dafür hörte ich schon Hühnergegacker. Das bekannte, aufgeregte Gehabe, wenn die Henne ein Ei gelegt hat. Mir hüpften Herz und Beine: Hin zu Spiegeleiern und gekochten Eiern! Pro Stück würde ich zwei Angelhaken zahlen! Mit Stahlvorfach. Ehrensache.

Das Wasser lief mir im Mund zusammen. Ich eilte. Der Weg war nun zwei Meter breit. »Komisch, daß sich hier niemand aufhält«, registrierte ich nebenbei.

Schließlich stand ich vor dem großen, grasbedeckten Rundbau. Bodenkriechende Pflanzen hatten sich, wie ich jetzt, durch die niedrigen Eingänge geschoben. An den unversehrten Blättern erkannte ich, was ich im selben Moment auch selbst sah: Die Maloka war leer. Dunkel und unheimlich lag sie vor mir. Dunkel, weil es nur eine besonders kleine Mittelöffnung gab. Keine Menschenseele. Über den Feuerstellen hingen Affenschädel, Knochen und Gräten. Vereinzelt drehte sich Federschmuck im Luftdurchzug. Eine gewaltige Baumstamm-Trommel. Totenstille. Da stand ich und mochte es nicht fassen: Endlich ein Haus und niemand daheim. Endlich ein Feld und nichts zu essen.

Ich ließ mich auf meine Kanister fallen. Wie wohl doch wenigstens die Rast tat! Ich würde hier übernachten und mir ein schickes Feuer machen. Ein Feuer als Kamerad, ein Feuer, um mir wenigstens von außen etwas Wärme zuzuführen, wenn ich mir schon über den Magen nichts zukommen lassen konnte. Da berührte mich jemand im Nacken. Ich fuhr wie ein Blitz herum – die Hand am Messer, die andere geballt – niemand. Fing ich an zu spinnen? Genau über mir gackerte ein Huhn. Es saß hoch oben am Rand der Dachöffnung und scharrte mir fleißig kleine Ästchen ins Kreuz – des Rätsels Lösung. Mein erster Gedanke war, das Huhn zu schießen. Aber verbot sich das nicht von selbst? Jeden Moment konnte der Besitzer heimkehren. Dann hätte ich mir auf 100 km im Umkreis die Gastfreundschaft verscherzt. Der Besitzer?

Ich wanderte das unheimliche Rund ab. Die Beine juckten heftig. Ich kratzte mich.

Hier war schon lange niemand mehr gewesen. Das Unkraut wucherte von allen Seiten in die Maloka hinein: durch die Eingänge, außen am Dach hoch und durch alle Ritzen ins innere Gebälk. Es kam mir vor wie ein Riesenpolyp, der sein Opfer fest in den Fängen hielt und in Kürze zu sich in den Urwald zieht. Wohl selten spürt man die Kraft der Natur besser als im Urwald, wenn man beobachtet, mit welcher Rasanz kahlgeschlagene Flächen zuwuchern.

Die Hühner hatte man vergessen oder nicht fangen können in der Eile des Aufbruchs. Ich konnte mir nämlich nicht vorstellen, daß man sie mit Absicht zurückgelassen hatte. Zu groß war das Risiko, daß die Maracajá sie holte. Diese kleine Wildkatze soll noch sehr häufig vorkommen.

Und dann fand ich unvermittelt zwei Eier! Sie lagen auf einem Podest, auf dem man sonst Bananen aufbewahrte. Es kam mir vor wie Ostern. Diesmal überlegte ich nicht lange. Ich trank sie gierig und roh. Welch ein Schmaus! Am liebsten hätte ich jetzt das überraschte »Gesicht« meines Magens gesehen, der seit Tagen arbeitslos, gelangweilt, nun unerwartet aus den Träumen gerissen wurde und Arbeit präsentiert bekam. Hoffentlich würden er und die Kumpels vom Verdauungstrakt gute Arbeit leisten und keinen einzigen Nährstoff wieder freilassen! Das konnten wir uns alle nicht erlauben. Ich bekam regelrechtes Ostern-Fieber. In allen Winkeln suchte ich weitere Eier – aber vergebens. Vor Gier vergaß ich sogar das Jucken meiner Beine.

Auch vom Wald her gackerte es. Schließlich zählte ich vier Hühner und einen Hahn. Und wieder kämpfte ich gegen den inneren Schweinehund an. Wenn ich doch einen der Vögel nahm? Wie wollten die Dorfbewohner wissen, ob ich es war, der kleine Baumozelot oder die Harpyie, der wunderschöne, große und unglaublich gewandte Adler, der wie ein Blitz sogar durch Baumkronen sausen kann? Dort fängt er die Affen aus den Wipfeln heraus, eines seiner liebsten Spiele. In Notzeiten begnügt er sich sogar mit Aas. Einmal erhob sich eine Harpyie direkt vor mir von einer erschlagenen, verwesenden Python. Für ihn also waren die Hühner mühelos zu erreichen.

Es blieb bei den beiden Eiern. Lediglich eine 25 cm lange Eidechse kam noch dazu. Sie hatte unter einem Holzscheit Zuflucht gesucht. Ich brauchte nur draufzutreten. Dann brachte ich ein Feuer in Gang. Holz gab es genug. Die Eidechse garte ich in einer Rolle aus zwei übereinandergelegten Blättern. Ich aß sie ohne Därme, aber mit Haut und Knochen.

Schließlich kam ich zur Ruhe. Ich saß auf der Hängematte und betrachtete mich im Schein der Flammen. Und da sah ich die Bescherung, da sah ich, weshalb meine Beine so juckten: Hunderte von Flöhen hatten Zuflucht bei mir gesucht. Ausgehungert hatten sie mich angezapft, ich hatte mich blutig gekratzt und sie berauschten sich nun. Wegen der Dunkelheit in der Maloka und der Gier bei meiner Eiersuche hatte ich sie nicht eher wahrgenommen. Ich war zu sehr abgelenkt und daß es mich irgendwo heftig juckte, war nichts Neues. Nie zuvor hatte ich so viele Flöhe gesehen, geschweige an mir erlebt. Ich kam mir vor wie ein Speiserest, der von Schimmelpilzen überwuchert ist. Natürlich stellte ich mich gleich übers Feuer. Ihnen würde ich einheizen! Ich riß die Hose vom Leib, mehr trug ich ja ohnehin nicht, und »röstete« auch sie. Dann kam die Hängematte dran, und schließlich griff ich meine bescheidene Habe und stürzte mit einem »verdammte Sch . . .« hinaus ins Freie.

In Josés Maloka gab es also weder Essen noch die ersehnte Gesellschaft, noch einen Schlafplatz. Ich umrundete das Dorfhaus und suchte den breitesten Weg. Er führte sanft bergab zum Wasser. Es war ein Seitenarm des Toototobi, die »Wasserleitung« der Indianer.

Ich badete lange, um weitere Flöhe zu ersäufen, um die Kratzer zu kühlen, um Kraft zu sammeln. Hinter mir gackerten die legefreudigen Hühner und freuten sich bestimmt, daß ich nur zwei Eier gefunden hatte. Über mir stritten sich die Papageien. Winzige Fischlein knabberten mir das Blut von der Haut, Mücken warteten darauf, daß ich auftauchte. Ameisen liefen aufgeregt am Ufer lang, so, als riefen sie sich zu: »Da ist wieder einer. Kommt alle her!« Und Sandflöhe bohrten eifrig und unbemerkt ihre lebensnotwendigen Gänge in mein persönliches Fleisch. Und last not least wollten täglich bis zu 40 Zecken abgesucht werden. Wenn man nicht höllisch aufpaßte, wurde man lebendigen Leibes gefressen. Hölle und Paradies in einer Einheit, unter dem gemeinsamen Dach des Regenwaldes.

Die Mission

Die Mission

Von Josés Dorf aus gab es einen deutlichen Weg. Zwischen seiner Maloka und dem Dorf neben der Mission schien reger Verkehr geherrscht zu haben. Trotz der Überschwemmungen sah ich den Pfad sehr deutlich.

Wäre der lehmige Boden nicht so ekelhaft glitschig gewesen – ich wäre flott vorangekommen. So aber benötigte ich einen weiteren Tag. Die Bedrückung der Einsamkeit war wie weggeblasen. Der breite Weg machte mich hoffnungsvoll. Bei der New Tribes Mission würde ich auf jeden Fall Menschen finden und seien es »nur« die Missionare.

In der dritten Maloka, die ich auf dieser Reise kennenlernte, waren nur ein altes Ehepaar mit einem Enkel, und vier Jugendliche, die auf der Wanderung zu sein schienen. Das Ehepaar schien selbst auf Hilfe angewiesen zu sein, deswegen suchten sie wohl auch die Nähe, die Sicherheit der Mission. Das zweite, das mir auffiel, waren Zeichnungen:

- Der liebe Gott auf goldenem Thron
- die Arche Noah
- der Turmbau zu Babel

An allen Pfosten der Maloka prangten diese DIN A 4 großen Bilder.

Schablonenhaft vorgefertigt und von den Indianern bunt ausgemalt.

»Wer das schön zeichnet, bekommt eine Belohnung«, erläuterte die alte Frau.

Belohnung hieß in diesem Fall Zucker, Angelhaken oder Obst.

»Wer ist das denn hier auf diesem Bild«, wollte ich wissen und zeigte auf den goldenen Gott.

»Das ist Deus, der große Geist der Weißen.«

»Glaubst du, daß es ihn gibt?«

»Ja, denn die Weißen kennen ihn genau.«

»Glaubst du auch an ihn?«

»Das ist ja nicht unser Gott. Unser Gott ist anders.«

Mehr erfuhr ich nicht. Die Kommunikation reichte nicht aus. Die Alte sprach nur wenig Portugiesisch, wie ich.

»Nein, unsere Erfolge kann man nicht in Zahlen messen«, meinte auch Keith Wardlaw, der Missionar, eine Stunde später.

Die Häuser der amerikanischen Missionars-Familie befanden sich unmittelbar neben der Maloka. Als ich vorsichtig einen Blick auf sie werfen wollte, war ich wie geblendet: Da lagen auf einem golfplatzähnlichen Musterrasen, überschattet von Obstbäumen, umgackert von 30 Hühnern, 10 Häuschen wie im Bilderbuch. Heile Welt, total. Paradies auf Erden. Ich suchte behende »mein Permeso« aus dem Gepäck, ließ einen Kanister und den Überlebensgürtel bei den beiden alten Indios und ging hin.

»Kriegen Sie keinen Schreck«, rief ich von weitem. »Hier ist Besuch. Ich komme von weither und wollte Sie um ein paar Vokabeln aus Ihrem selbstgeschriebenen Lexikon bitten.«

Ich glaube, sie kriegten doch einen Schreck.

Blaß, hohlwangig, die Augen tief in den Höhlen, abgemagert, zerkratzt, humpelnd und nur in einer Badehose stand ich wie ein Waldgeist vor ihnen.

»Woher kommen Sie denn? Nun kommen Sie erst mal rein!« Keith Wardlaw, seine Frau Myrthe und der 20jährige Sohn Brian umringten mich wie den letzten Überlebenden eines im Urwald abgestürzten Flugzeuges.

»Ich mache Ihnen erst mal was zu essen. Sie müssen ja einen Mordshunger haben.« Recht hatte sie. Und Beobachtungsgabe. Eine Welle der Gastfreundschaft überschwemmte mich.

Ich sei Däne, hieße Rudi Nymand und sei Herpetologe, Schlangenforscher an der Universität in Kopenhagen. Zusammen mit dreizehn anderen, hauptsächlich brasilianischen Zoologen und Medizinern sei ich tätig an einem Projekt am Rio Aracá: Finanziert durch Forschungsgelder der Weltgesundheitsbehörde seien wir befaßt mit dem Fang von Korallenschlangen und Buschmeistern, um die Serum-Herstellung gegen den Biß dieser Tiere so zu vermehren, daß Südamerika endlich ausreichend Serum zur Verfügung hätte.

Wie immer, wenn von Schlangen die Rede ist, kam ich toll in

Form. Ich redete, als ginge es um mein Leben. Ich hatte mir diese Sprüche auf dem langen Marsch reiflich durchdacht. Als ich jetzt die großen Augen meiner Hörerschaft sah und ihre glühenden Ohren, steigerte ich mich in Bestform.

»Sie sind also Däne?« fragte Myrthe. (»O Gott, hoffentlich spricht sie kein Dänisch!« durchzuckte es mich und ich bereute, nicht »aus Finnland« gekommen zu sein. Noch nie traf ich nämlich jemanden, der Finnisch konnte.)

»Ja, ja«, brachte ich mein einziges Dänisch und das zerknautschte Permeso hervor. Aber das wollte Myrthe gar nicht sehen. Sie und ihr Mann warfen nur einen flüchtigen Blick drauf. »Dann mögen Sie sicher gern Pan Cakes. All Skandinavians like our pan cakes.« Und schon mischte sie ein Paket Instant-Mehl mit etwas kaltem Wasser, während sie nebenher anderes Wasser zum Sieden brachte: »Have a coffee first!« Sie stellte mir ein Monsterglas Pulverkaffee vor die Nase. »Mischen Sie ihn sich selbst. So stark Sie wollen.« Und ob ich wollte! Ein Teil Wasser, ein Teil Kaffee – ich schwelgte. Und Zucker. Und Sahne. Und da waren auch schon die himmlischen Pancakes fertig. »Mit Honig oder mit Marmelade oder mit Butter?« Myrthe, du Schatz – dachte ich. »Mit allem!«, entschied ich, vom Magen überredet, und türmte die Tellerminen übereinander, daß die Missionare noch weitere Gelegenheit hatten zu staunen.

Fast hätte ich das Beten vergessen! Dabei hatte ich mich immer wieder darauf trainiert, wenn ich solche Einladung während der Einsamkeit des Marsches theoretisch in Betracht gezogen hatte. Ich faltete die Hände und dankte ehrlichen Herzens meinem guten Geist, dem Schicksal, meinem persönlichen Gott – wie man es immer nennen will. Vor allem den gastlichen Wardlaws.

Brian warf ein Tonband an und ich registrierte: »Nicht mal Kirchenmusik, Donnerwetter!« Denn lange, bevor der erste Pancake fertig war, hatte er mir die obligatorische Frage gestellt, deren Beantwortung mich in Manáus meine beginnende Bekanntschaft mit A. Koop gekostet hatte: »Was halten Sie eigentlich von Jesus Christus?«

Angesichts der brutzelnden Pfannkuchen fiel es mir leicht, ihm die richtige Antwort zu geben. »Gottes Sohn? Welch eine Frage!« Keith war stolz auf mich, es war mir nicht schwergefallen.

Keith betete für mich. Er dankte dem Schöpfer, daß der mich – »unglaublich!« – diesen weiten, tückischen Weg sicher begleitet habe, daß er unseren Tisch so reichlich gedeckt habe – alles Worte, die ich in meiner Freude selbst hätte sagen können. Ich hatte mich schon oft ertappt, wie ich – mit mir allein und schwach, angesichts der Stärke des Waldes, der Natur – im Gebet Zuflucht und Trost gesucht hatte. Vielleicht Rudimente meiner Kindheit, meiner Erziehung, vielleicht die Urangst aller Menschen vor der Ungewißheit um Gott.

Frisch gestärkt, erwachten Unternehmensgeist und Neugier. Die Wardlaws zeigten mir ihr Anwesen.

»Seit einer Woche haben wir einen Sonnenkollektor. Mit dem tagsüber gesammelten Strom können wir abends zwei Glühbirnen à 20 Watt und den Taperecorder speisen!« verkündeten sie stolz. »Nur 320 US-Dollar hat er gekostet!«

Als nächstes präsentierten sie mir ihre Apotheke. Die Apotheke sah aus, als erwarte man Gott gerade zu einer Inspektion. Sogar eine große Kladde war aufgeschlagen und auf allerneuestem Stand: Die Buchführung, die über jede Tablette Auskunft erteilte.

»Im Moment grassieren hier die Masern! Sie wissen sicher, daß die Indianer dagegen keine Abwehrstoffe haben. Im Inneren des Waldes gibt es Dörfer, die 25 Tote zu beklagen hatten.«

Ich erfuhr, daß deshalb viele Dörfer panikartig verlassen wurden. Jede Familie siedelte irgendwo im Wald, isolierte sich gegen Ansteckung. Eine instinktive und wirksame Reaktion gegen die Seuche. »Sie wurde von Goldsuchern eingeschleppt. Als es noch Pocken gab, hat man so mit infizierten Geschenken ganze Stämme ausgerottet.«

»25 Tote – das ist noch relativ wenig, so tragisch es klingen mag«, ergänzte Myrthe.

»Als im Süden von hier vor einigen Jahren mit dem Bau der Durchgangsstraße (BR-210, Perimetral Norte) begonnen wurde, starben fast 50 Prozent aller Yanonámi, die entlang der Straße wohnten. Auch damals waren es vor allem die Masern und die Grippe. Solche Krankheiten breiten sich leider auch sehr schnell im Landesinneren aus, wegen der häufigen Besuche der Indianer untereinander.

Wir konnten erst wieder Hoffnung schöpfen, als der Bau eingestellt wurde. Er wurde aber nicht etwa aus Rücksicht auf die Indianer gestoppt, sondern aus wirtschaftlichen Erwägungen.«

In meiner Karte war die Perimetral Norte schon dick und vorsorglich verzeichnet. Sie führte unter anderem direkt durch Arakeens Dorf und durchschnitt das südliche Yanonámi-Gebiet auf einer Länge von 600 Kilometern von West nach Ost. Mit ihr wollte die Regierung die Erschließung des Landes vorantreiben: Sie wollte Siedler und Arbeiter heranbringen und Boden- wie Waldschätze abtransportieren.

»Man hat hier viel Uran und andere Bodenschätze entdeckt. Da kann es schnell passieren, daß die Baupläne wieder aus der Schublade gekramt werden. Es ist höchste Zeit, daß das Gebiet zum Park erklärt wird. Das würde für die Indianer eine Schonzeit, eine Galgenfrist bedeuten. Wenn die Straße hingegen morgen gebaut würde, bedeutete quasi das das Todesurteil für alle brasilianischen Yanonámi. So perfekt sie sich dem Wald anpassen können, so wenig sind sie vorbereitet und fähig, dem Zusammenprall mit der ›Zivilisation‹ standzuhalten. Wie eben die 25 Maserntoten, von denen ich sprach, und deren Asche heute oder morgen während eines größeren Totenfestes im Wald verzehrt werden soll.«

Zum Anwesen der Wardlaws gehörten auch eine Werkstatt, Gästehäuser und Stallungen. »Unsere Schule ist leider ohne jeden Erfolg. Die Indianer kommen nur, weil wir ihre Lernbemühungen belohnen. Das schwierigste ist, ihnen das Rechnen beizubringen. Sie wissen sicher, daß die Yanonámi nur bis drei zählen können. Was darüber hinausgeht, nennen sie pauschal viel (bruká) und was wirklich viel ist, wie die Blätter an den Bäumen, heißt viel-viel. Mehr brauchen sie nicht zum Leben. Damit sind sie immer klargekommen, und das haben wir noch nicht ändern können.«

Ich wußte um diese Besonderheit. Um so mehr hatte mich deshalb überrascht, als ich später bei einer Indianerfamilie zweiundzwanzig Pfeile an der Wand stehen sah: Vergiftete, harmlose, solche mit einfacher Spitze, andere mit Widerhaken, mit Quirlen oder mit scharfem Holzblatt.

Ich nahm einen fort, stellte ihn einige Meter weiter ins Sonnenlicht für ein Foto, als der Besitzer zurückkam. »Wer hat hier einen Pfeil fortgenommen?« war seine erste Frage. Ich mußte unwillkürlich an meine Tochter denken, mit der ich dasselbe erlebt hatte. Ich hatte eine ihrer -zig Schallplatten entliehen. Sie betrat das Zimmer, ihr Blick schweifte hierhin und dorthin, bis er irritiert auf der Plattenkollektion hängen blieb: »Da fehlt eine Platte.«

Der Yanonámi hatte also auch, obwohl er nur bis drei zählen konnte – muhún, purakábe, purakatábe – sofort gemerkt, daß ein Pfeil fehlte.

Als ich ihn fragte, wie viele er denn besäße, sagte er »viele«, zeigte zweimal beide Hände (2×10) »und zwei Stück«. Demnach haben sie also schon Anhaltspunkte, sich größere Quanten zu merken, sie auszudrücken.

»Weil wir mit dem Schreiben, Lesen und Rechnen keinen Erfolg haben, erzählen wir ihnen Geschichten aus der Bibel.«

»Die New Tribes Mission hält sich nicht an die interkonfessionellen Missionierungsabmachungen«, kritisierte Bischof Dom Geraldo Verdier in Manáus diese Umgehung des Übereinkommens. »Zuerst sollen die Lebensgrundbegriffe gelehrt werden. Dazu gehört auch Hygiene. Und erst dann sollen wir missionieren.« Damit mochte der Salesianer-Bischof recht haben. Zweimal war ich New-Tribes-Leuten begegnet, und beide Male war eine ihrer ersten Fragen die Frage nach meinem Glauben.

»Sie sind hier jetzt fünfzehn Jahre – welchen Missionserfolg haben Sie schon erzielt?«

Die drei Christenmacher schauten sich etwas stumm an und gaben dann ehrlich zu: »Das ist nicht meßbar, wir brauchen Zeit, um die Indianer von selbst darauf kommen zu lassen, unser Leben kopieren zu wollen.«

Allmählich wurden meine Fragen kritischer. Ich vergaß ganz, weiterhin den Zoologen, den Herpetologen, zu mimen. Was und wie ich fragte, mußte den Verdacht in ihnen wecken, ich könnte sie ausfragen. Vielleicht hatte Koop sogar schon eine Warnung geschickt!?

Ich beschloß, mich bald zu verabschieden. Meine Sorge um Entdeckung war groß. Die guten Pfannkuchen rechtfertigten nicht meine Ausweisung.

»Zweimal am Tag haben wir Funkverbindung.« Das bedeutete: In einer Stunde könnte eine Militärmaschine hier sein. 500 Meter westwärts lag der Flugplatz.

Aber es wurde schon dunkel. Eine Maschine würde nicht mehr landen können. So hatte ich zumindest bis morgen früh meine Ruhe. Ich schrieb mir die erbetenen Vokabeln ab und begab mich dann ins Gästehaus.

Gegen 23 Uhr dieses ereignis- und nahrungsreichen Tages schlief ich auf weißem Leinen ein. Mein Bauch war zufrieden, die Kratzer versalbt, eine Kerze brannte, und oh Luxus, sogar eine Rolle Toilettenpapier hatte man mir ans Bett gestellt. Ich fühlte mich ein wenig wie damals, als ich nach meinem Marsch durch Deutschland in Oberstdorf ankam und nach drei Wochen zum erstenmal wieder in einem richtigen Bett schlief.

Unter freien Indianern

Zum Totenfest

»Wenn du tot bist, esse ich dich auf« – Liebeserklärung auf Yanonámi.

Wer nach dem Tode nicht verbrannt wird, wessen Asche nicht verzehrt wird, dessen Seele kann nicht zum Himmel aufsteigen, der findet keine Ruhe, dem ist die Wiedergeburt verwehrt. Feinde straft man, indem man sie nicht aufißt.

Verständlich also die Angst eines jeden Yanonámi, irgendwo allein im Wald zu sterben, in Feindesland umzukommen, wo man den Tieren zum Fraße liegen bleibt. Die Seele wird als böser Geist herumirren und viel Unglück bringen.

Die Art der Verbrennung ist verschieden. Einige Stämme der Yanonámi bringen ihre Toten in Hockstellung und setzen sie in einen »Kasten« aus dicken Ästen, der hoch in den Bäumen, außer Geruchsweite des Dorfes, aufgehängt wird. Durch die Äste gesichert gegen Jaguar und Aasgeier haben Bakterien und Hitze jedoch freien Zutritt. Der Leichnam verfault schnell. Er bläht sich auf, er platzt schließlich. Das Wasser tropft zur Erde, das sich verflüssigende Fleisch fällt vom Knochen. Nach drei Wochen befinden sich so gut wie nur noch die Knochen im Gestell. Und die wirft man in ein großes Feuer. Andere Sippen verbrennen den Leichnam sofort nach dem Tode inmitten eines gewaltigen Holzstoßes.

Sobald die Glut erloschen ist, sammeln die Verwandten die (sterilen) Knochen ein. Sie werden mehlfein zermörsert und dann mit Bananenbrei vermischt gegessen. (Wissenschaftlich: Endokannibalismus.) Zu diesem Fest lädt man alle seine Freunde ein, und wohl keiner würde der wichtigen Einladung zum großen »Reaho« nicht Folge leisten. Manche Ethnologen haben im Verlaufe ihrer Feldarbeit unter Yanonámi Aschenbrei gegessen. Nüchtern betrachtet »weiter nichts als Obstbrei, stark mit Mineralien angereichert« – so wollte ich die Sache betrachten, wenn ich am Fest teilnehmen durfte, wenn man mir vom Bananenbrei anbot.

Die alte Frau, ihr Mann und der Junge hatten mich zwei Tage

geführt. In südwestliche Richtung. Ohne Pfad. Querwaldein. Ich bewunderte diese Frau. Nur noch Haut und Knochen, auf einen Stock gestützt, legte sie dennoch einen flotten Trab vor. Ich hatte Mühe, dieser wieselflinken Alten zu folgen. Dennoch kamen wir zu spät. Das Fest hatte schon früher stattgefunden und nicht »heute oder morgen«, wie Keith vermutet hatte.

Im Wald verstreut einige der noch frischen Tapiris, der Laubdach-Unterschlüpfe, die kalte Asche der Feuer, ein kahlgeschlagener kleiner Versammlungsplatz. Aus. Das war's. Niemand mehr da.

Doch die rüstige Oma sah das nicht so. Sie sog die Luft, die vom Norden strömte, in ihre aufgeblähte Nase, noch mal und noch mal und bedeutete mir, ihr schnell zu folgen.

Angekommen

Das war mein Glück. Nach einer Stunde flotten Laufens, sehr deutlichen Spuren folgend, trafen wir auf siebzehn Personen: Männer, Frauen, Kind und Kegel, schwer bepackt »auf dem Heimweg«. Erstaunen und Freude, Neugier und Skepsis las ich von ihren Gesichtern. Ich begrüßte sie alle nacheinander mit Handschlag und Verbeugung.

Die Alte erklärte, daß sie mich in der Mission getroffen habe. Das schien eine gute Empfehlung zu sein. Sie nickten beifällig, betasteten mich und legten erst einmal eine Pause ein. Ich schenkte jedem zwei Angelhaken und für alle zusammen eine Rolle Sehne. Den Alten schenkte ich ein kleines Taschenmesser, mehrere Haken, meinen kleinen Metallspiegel und sechs Revolverpatronen, die sie als Tauschmittel verwenden konnten. Ich hätte ihnen gern mehr gegeben. Ich besaß nicht viel mehr. Aber wer nichts hat, von dem wird auch nichts erwartet. Die Indianerfamilie nahm mich auch ohne Geschenke mit.

Die Alten gingen zurück nach Osten, die Gruppe und ich nach Norden, Richtung Serra Gurupira, Venezuela.

Wegen der schweren Lasten wurde alle Stunde Rast gemacht. Unglaublich, was die Menschen tragen konnten! Die Rucksäcke waren jene schnellgeflochtenen aus Palmblättern, die sehr haltbar sind. Darin türmten sich hauptsächlich Bananen und Fleisch. Aber sie besaßen auch Töpfe, Becher und zwei Macheten. Bewaffnet waren sie mit Pfeilen.

Zwei Jäger gingen voran. Dann folgten mit 100 m Abstand eine bunte Kette von jung und alt, Männchen und Weibchen. Ich war der vorletzte. Es ist immer gut, einen Indianer hinter sich zu haben. Dann kann man nicht aus Versehen verlorengehen. So etwas geschieht schneller als man denkt: einmal gepinkelt und der Trupp wird lautlos vom Wald verschluckt. Lautes Rufen bringt dann nicht immer Erfolg. Der dicke Humus, die Blätter, sie schlucken den Schall fort. Die Indianer würden mich wohl wahrnehmen mit ihrem bekannt feinen Gehör, aber ich würde ihre Antwort nicht auffangen.

Es war jedenfalls ein angenehmes Wandern: reichlich Pause, gutes Essen. Unterhaltung. So merkte ich kaum, wie schnell die Zeit verging. Am Abend des zweiten Tages erreichten wir die kleine Maloka. Sie war keineswegs mit den drei großen, die ich kannte, zu vergleichen. Die einzelnen Hütten standen in einem ¼-Kreis und waren nicht immer miteinander verbunden. Insgesamt zählte ich 29 Personen. Die Familien lebten deutlich voneinander getrennt. Sogar die Hunde hatten dadurch ihre klar abgegrenzten Bereiche. Und etwas fiel mir dabei sofort auf: alle Hunde sahen gut genährt aus, hatten glänzendes Fell und wurden weder beschimpft noch geschlagen.

Die Maloka lag 100 m vom nächsten Fluß entfernt. Wenn man die Flußgerade nach Norden entlangschaute, sah man die Serra in greifbarer Nähe. Sie stieg abrupt aus der Ebene empor. Ihr Grat, ihre Pässe sind die Grenze zu Venezuela.

»Spann deine Hängematte hier zwischen diese Pfosten«, wies mich Lucio, der Chef, an. Marco, sein Sohn, sprach etwas Portugiesisch und machte den Dolmetscher. Während ich vor mich hinschaukelte, richteten sich auch die anderen ein. Viel aus der Zivilisation hatten sie nicht. Ich sah zwei Macheten, bei jedem ein Messer, bei jeder der sieben Familien einen verbeulten Aluminiumtopf. An einem Pfosten baumelten zwei Emaillebecher.

Die Geburt

Ich hatte das Wimmern gehört und angenommen, jemand braucht Hilfe. Ich hatte mich gut 100 Meter vom Lager entfernt, um neun zähe Rinden für eine zünftige indianische Hängematte zu suchen. Reine Bastlerleidenschaft, Survival-Training im Wald. Und dabei vernahm ich diese Laute. Vorsichtig schlich ich näher, denn es konnte sich auch um ein Liebespaar handeln, und dann stand ich womöglich als Voyeur ganz schön blöd da. So sehr mich die Beobachtung interessiert hätte – aber wer will sich dabei schon ertappen lassen?

Und dann sah ich, daß da ein Indianer zur Welt kam! Ich vergaß vor Faszination meine ganze Umgebung, sogar, die Kamera zu holen. Und das will was heißen. Aber bestimmt hätte ich mir damit Komplikationen eingehandelt.

Assistiert von einer älteren Frau, hockte die Gebärende mit gespreizten Beinen vor einem dünnen Baum, den sie umklammerte. Sie saß auf einem Teppich aus großen Blättern. Die Alte schob ihr gerade noch ein paar dazu. Und dann ging alles sehr schnell: Der Kopf kam zum Vorschein, die Alte stützte ihn vorsichtig mit ihren Händen und wartete ab, bis der Körper nachkam. Dann legte sie das Baby auf die sauberen Blätter. Kurz darauf folgte die Nachgeburt, die zur Seite in den Humus gelegt wurde. Die Mutter löste die Umklammerung und band die Nabelschnur mit einer Palmfaser etwa 12 cm vom Bauch des Kindes entfernt ab. Dann biß sie sie einfach hinter der Abbindung durch. Sie nahm ihr quäkendes Baby auf, trug es ans nahe Wasser und spülte es sauber.

Ich habe nicht auf die Uhr geschaut. Aber mir schien es, als hätte der Vorgang kaum länger als zehn Minuten gedauert. Bestimmt war es viel mehr.

Ohne weiteren Aufenthalt kehrten beide Frauen ins Dorf zurück, wo sie stolz den Nachwuchs präsentierten. Sie wurden freudig umringt. Auch ich stand im Kreis der Gratulanten und genoß diesen Anblick: Die bildschöne, schlanke (was selten ist) und strahlende, braunhäutige Mutter, mit Schmuckstäbchen um den Mund und in ihren Armen das beinahe kitschig roséfarbene Baby mit seiner quittegelben Nabelschnur.

Die Geburt war ein freudiges Ereignis wie überall auf der Welt. Die Mutter hatte ein Kind, der Stamm zählte ein Mitglied mehr. Hoffentlich kam es durch. Die Säuglingssterblichkeit ist hoch. Drei lange Jahre wird die Mutter es an der Brust ernähren. Drei Jahre lang wird sie, sollten ihr weitere Kinder wachsen, diese gleich nach der Geburt töten und in den Fluß werfen – hartes, notwendiges Gesetz der Wildnis. Zöge sie es nämlich auf, müßte das ältere Kind von der Brust fort, oder beide Kinder müßten sich die Milch teilen. Und dann reicht sie nicht.

Sollte eine Mutter sich entschließen, doch mal vorzeitig das nächste Kind durchschlüpfen zu lassen, dann kann es vorkommen, daß die Angehörigen es töten. Lieber ein einziges Kind, das einem »sicher« ist, weil es die ersten drei Jahre überlebt hat, als ein fragliches zweites, das ja sterben könnte und dessen größeres Geschwisterchen ebenfalls sterben könnte, weil es zu früh entwöhnt werden mußte. Zwillingen ergeht es ähnlich. Der Schwächere wird von den meisten Yanonámi sofort getötet, wie auch mit Mißgestalteten nicht lange gefackelt wird.

Die Säuglingssterblichkeit ist aus einem Grunde besonders hoch: die Zusammenhänge zwischen Hygiene und Krankheit sind unbekannt. Die Kleinkinder spielen im Schmutz, spielen »Kneten« mit dem Kot der Tiere und essen ihr »Spielzeug« mitunter auch auf. Wenn man den Schmutz mit europäischen Augen betrachtet, wundert man sich häufig, wie überhaupt ein Kind das überleben kann.

Die Folge: die indianischen Familien haben relativ wenig Kinder. Und die werden mit viel Liebe und Umsicht gehegt und gepflegt. Nie sah ich einen Indianer seine Kinder schlagen. »Man schlägt nur seine Feinde. Die Kinder sind unsere Freunde.« Das

Resultat: Nirgends sah und erlebte ich solch freundliche und taktvolle Kinder.

»Schläfst du schon, Alemão?« Ganz behutsam zupften sie abends an meiner Hängematte. Wenn sie merkten, daß ich nur döste, beugten sie sich über mein Ohr und flüsterten:

»Malst du mir einen Yanonámi auf Papier?« Natürlich tat ich das: ein einfaches Strichmännchen mit »Pony«frisur, Pfeil und Bogen und hochgebundenem Penis. Die Kinder hüteten diese Zeichnungen wie einen Schatz.

Oder ich revanchierte mich für ihre Gastlichkeit mit Mundharmonikaspielen, mit Akrobatik, Zaubertricks und Grimassenschneiden.

Sie ihrerseits zeigten mir, wie geschickt sie an Lianen hochklettern, wie toll man damit schaukeln konnte, oder sie flochten mir eine Scheide für mein letztes, mickriges Messer.

Die Jagdzüge

Einmal nahmen mich zwei 6jährige mit auf die Jagd. Ihre Bogen waren so groß wie sie selbst und die Pfeile noch ohne Widerhaken, einfach mit Spitze.

Ich mußte in einigem Abstand hinterherschleichen. »Du bist so laut, so tolpatschig«, hatten sie mir zu verstehen gegeben. Und so hielt ich mich auf Sichtweite hinter ihnen. Sie benahmen sich genau wie die Alten. Eine Katze hätte sich kaum lautloser bewegt, kaum eleganter, kaum angepaßter. Ihre rotbraunen Körper, von den Schatten der Blätter dunkel getupft, sozusagen getarnt, verschmolzen mit dem ebenfalls durch welkes Laub rotbraunen Boden.

Zuerst verfehlte ihr Schuß eine Eidechse, ein anderes Mal verfehlten sie nur knapp einen Vogel.

Aber plötzlich hatten sie doch einen amselartigen Flattermann getroffen. Ein Flügel war angeknackst. Er konnte nicht mehr entkommen. Sie banden ihm eine feine Liane von 2 m Länge um ein Bein und ließen ihn flattern wie einen Drachen, ein Spielzeug, das immer im Kreis um den Kopf flog.

Der Vogel tat mir leid, aber ich mischte mich nicht in diese Angelegenheiten. Dies war ihre Welt. Eines Tages hätte irgendein Tier, irgendein Gegner auch mit ihnen kein Mitleid. Jede Welt hat ihre eigenen Gesetze.

Aber ich fühlte mich erleichtert, als der Vogel vor Erschöpfung resignierte, denn da töteten sie ihn.

Einer hatte mittlerweile schon ein kleines Feuer entzündet und darüber einen Minirost aus frischen Ästchen gebaut. Vielleicht 20 × 20 cm groß.

Der andere rupfte den Vogel, nahm ihn aus, zerstückelte ihn und legte ihn schließlich über die Glut.

Ich lag schon längst wieder in der Hängematte, als der Jungjäger mich weckte. »Alemão, hier, du mußt essen. Dies ist dein Teil.«

Die Jagden mit den Alten verliefen genauso. Sie schlichen vorweg – ich hinterher.

Nur manchmal, wenn die Affen eingekreist und die Jäger noch unbemerkt geblieben waren, winkten sie mich ran. »He, schieß mal mit deinem Revolver!« Als mich alle Augen so erwartungsvoll anblickten, wurde ich unschlüssig. Gegen ihre artistische Bogenschießkunst war ich ein Stümper. Ich bekam einen regelrechten Minderwertigkeitskomplex. »Wenn du den Affen nicht triffst, bist du ganz schön blamiert«, dachte ich nur, »und die kostbare Beute ist futsch.«

»Hier, schieß du, du bist besser als ich.« Ich reichte dem Indianer meinen schußbereiten Revolver und er nahm ihn strahlend, fast, als hätte er das erwartet. Ohne lange zu zögern, legte er an und schoß. Der Affe fiel vom Baum und war tot. »Das war mein erster Schuß mit einer Feuerwaffe der Weißen«, beteuerte er mir Staunendem glaubhaft. Die Treffsicherheit der Indios mit Gewehren ist bekannt. Dabei schauen sie häufig gar nicht über Kimme und Korn, sie »fühlen« den Schuß ins Ziel, so wie sie es mit ihren Pfeilen tun.

Mitunter hörte und las ich die Klage, die Feuerwaffe stelle einen

»Kulturschock« dar, die Tiere des Waldes seien nun unabwend-
bar verloren. Daran ist Wahres und Unwahres. Unwahr ist bestimmt, daß nun mehr Tiere geschossen würden. Nach dem ersten Knall flüchtet der Rest, und ein zweiter Schuß ist kaum
noch möglich. Beim lautlosen Pfeil hingegen kippt plötzlich ein
Affe getroffen aus der Herde heraus, und die anderen sind nicht
beunruhigt. Der Jäger kann auch auf sie anlegen.

»Den habe ich mit Alemãos Revolver, pang, pang, pang, geschossen«, rief der Jäger schon von weitem, als wir zum Dorf
zurückkehrten. »Der Alemão kann selbst gar nicht schießen«,
schien er des weiteren zu demonstrieren. Verstohlen lächelnde
Gesichter schienen mir das zu bestätigen. Schließlich kam der
Held zu mir rüber, erbat sich die (von mir entleerte) Waffe und
spielte das ganze Theater noch einmal durch. Nichts wurde vergessen: mein unbeholfenes Anschleichen, daß ich prompt,
knacks, auf einen Ast trat, daß ich schneller als sie außer Atem
kam, hech, hech, und daß ich, flop, flop, nicht schießen konnte.
Er war der Held. Ich war der Clown, grins, grins. Aber ich
mußte über seine Vorführung selber schmunzeln. Wenn die Indianer ihre Stories erzählen, war Comic-time. Man brauchte
die Sprache nicht zu verstehen. Man erriet den Inhalt durch die
Geräusche, die sie nachahmten: prrr, fffft, psssit, knock, bong,
bäng. Hier konnte man Phantasie entfalten.

Ich fand, jetzt war ich an der Reihe. Radschlagend und Rolle-
vorwärts-machend purzelte ich auf sie zu, nahm dem Erzähler
höflich den Colt fort, lud ihn durch und legte sechs Holzscheite
auf einen umgefallenen Baumstamm. Dann ging ich lässig cool
auf sieben Meter Distanz und ... zong, zong, zong, zong,
zong, zong – kein Stück Holz konnte sich rühmen, oben geblieben zu sein. Hahaha.

Combatschießen gehört zu meinem Überlebenstraining. Schade
um die sechs Kugeln – aber die blitzschnelle und knallaute Vorführung hatte mein Ansehen einigermaßen aufgefrischt. Fortan,
wann immer Gäste auftauchten, wurde jedem die Geschichte erzählt, vom Alemão, der sechs Hölzer weggeputzt hatte »ohne« zu
zielen, einfach so: tschong, tschong, tschong ...

Die Jagdwanderungen führten uns bis ins Grenzgebirge zu Venezuela.

Ich konnte in dieser Zeit viel dazulernen, den Bau der Tapiris, das Feuermachen bei Regen, den Fang der Fische im überschwemmten Wald, ich konnte lernen, welche Lianen die besten Bindfäden ergaben ... und ich lernte Kameradschaft.

Was ich nicht lernte, war die meisterhafte Imitation der Tierstimmen. Meine Indianer beherrschten diese Kunst so großartig, so meisterhaft, daß ich heute noch bereue, kein Tonband mitgenommen zu haben, um Interessenten und mir Imitation und Wirklichkeit für alle Zeit zu erhalten, um Vorträge zu bereichern, um meinen Freunden Rätsel aufzugeben. Imitation, die Kunst, die für sie überlebensnotwendig ist. Ein Indianer, der den Ruf des Brüllaffen nicht beherrscht, um ihn in der Flucht zu stoppen, ist kein guter Jäger, wird nur schwer Häuptling werden.

Die unvergeßlichen Abende in den Tapiris, ums Feuer, waren auch die Zeiten der Sagen. Der alte Augustino schien ein Meister in der Überlieferung der Mythen zu sein.

Jung und alt scharte sich um ihn, drängte sich dicht ums Feuer, und war mucksmäuschenstill, wenn der Alte erzählte.

Da die Yanonámi keine Schrift beherrschen, ist die Erzählung ihre volkstypische Art der Geschichtsüberlieferung. Natürlich berichtete der Alte in Yanonámi, und ich verstand nichts. Um Mythen zu verstehen, bedarf es mehr als eines Vokabulars von 300 Wörtern. Um sie genau wiederzugeben, müßte man Simultan-Übersetzer sein. Nicht einmal Padre Casimiro Beksta, der am Yanonámi-Lexikon arbeitet, würde sich eine wirklich treffende Übersetzung zutrauen. Ich hatte den Salesianer-Padre später in Manáus auf dieses Thema hin angesprochen und beiläufig erwähnt, daß der deutsche Ethnologe Dr. H. B. in seinem Opus »Poré« eine gewaltige Sammlung interessanter Mythen zusammengetragen habe, von denen ich gern eine zitieren wollte.

»Sind Sie total verrückt?«, forschte er entgeistert. Und dann sehr bestimmt: »Nehmen Sie bitte nichts aus ›Poré‹!« Mit sicherem Griff holte er das Werk aus einer seiner beiden Bücherwände.

»Ich kenne Renato, Dr. B's Informanten, sehr gut. Renato war mein Schüler.

Als Poré in der Wissenschaft auftauchte, fraß ich das Buch förmlich durch. Aber nicht, weil es so spannend war, sondern weil ich zutiefst erschrocken war. Stellen Sie sich mal vor: da kommt ein Gelehrter aus Deutschland, macht ein paar Monate Feldarbeit, kann die Sprache überhaupt nicht und meint, die Sagen-, Seelen- und Geisterwelt der Yanonámi erforschen zu können, einen Traum, den wir Salesianer seit vielen Jahrzehnten erfolglos träumen.«

Einige der Salesianer »an der Front« sprechen Yanonámi. »Aber bis heute haben sie nur die Sprache, nicht aber die Seele der Yanonámi entgültig erforschen können.« Casimiros Ehrlichkeit überraschte mich.

»Aber dieses gewaltige Schreibwerk – mir erschien es eine ungeheure Fleißarbeit zu sein!«, warf ich laienhaft ein. »Fleißarbeit bestreite ich ja auch nicht. Aber vergessen Sie den Wert des Inhalts! Als es damals erschien, war ich schockiert. Ich rief Renato, den Informanten, und sagte: ›Renato, um Himmels willen, hast du das wirklich erzählt, was hier steht? Hast du dem Doktor dieses wirklich erzählt?‹ Renato bekam eine Gänsehaut und sagte: ›Hör mir damit auf, Padre! Ich erinnere mich mit Schrecken an diese Zeit. Der Doktor aus Alemanha hat mich wochenlang befragt. Was der in wenigen Wochen alles wissen wollte – das hat mein gesamter Stamm mich in meinem ganzen Leben nicht gefragt. Zuletzt habe ich nur noch gesagt, was er hören wollte. Wenn er fragte: »Und ihr tragt euren Penis also hoch, damit die Regentropfen, an denen die Seelen eurer Vorfahren kleben, dorthinein fallen und so wiedergeboren werden können«, dann habe ich nur noch ja gesagt. Er machte es mir leicht – ich brauchte immer nur ja oder nein zu sagen.‹«

Ich war ein wenig verdattert. Ich hatte das Buch Seite für Seite gelesen und mir vorgestellt, welche Arbeit darin stecken mochte.

Casimiro ahnte das. »Vergessen Sie Ihre generelle Ehrfurcht vor Wissenschaftlern. Differenzieren Sie! Sehen Sie mal hier, ein anderer, Polykrates. Er schreibt am Schluß seines Buches (›Die Wawanaueteri und Pukimapueteri‹) ein Kapitel über Linguistik. Ich zitiere wörtlich: ›Obwohl mir jegliche Vorbildung in diesem Fach fehlt, versuchte ich mit der unentbehrlichen Hilfe des Salesianer-Missionars Padre Schneider ... eine flüchtige Grundaufnahme der Grammatik der Yanonámi-Gruppen.‹

Und dann folgt ein trotzdem sehr erstaunliches Kapitel, das sogar einem Fachmann Ehre bereiten würde, so qualifiziert gibt es sich. Und wissen Sie, von wem er die Vokabeln, das Wissen hat?«

Ich schüttelte den Kopf. »Nicht von Padre Schneider?«

»Ja. Indirekt. Ich hatte Padre Schneider meine Aufzeichnungen geliehen. Nur für ihn selbst. Und Polykrates lieh sie sich bei Schneider aus und hat sie teilweise einfach wörtlich wiedergegeben. Nur etwas, was er nicht wußte, ist dabei passiert: Er schrieb ab mit all meinen Fehlern, die ich damals noch selbst darin hatte.«

Casimiro empfahl mir, lieber Lizot zu zitieren. »Der Mann kennt sich aus.«

Und so sei hier, stellvertretend für die Mythen, die der Augustino fast allabendlich erzählte, die Geschichte vom Ursprung des Feuers sinngemäß wiedergegeben:

Vom Ursprung des Feuers

Unsere Vorfahren kannten den Gebrauch des Feuers noch nicht. Sie aßen ihre Nahrung immer nur roh. Das Feuer besaß der Kaiman, aber er hielt es in seinem Maul versteckt. In der Nacht verschwand er mit seiner Frau im Wald, um heimlich seine Raupen zu kochen.

Eines Tages fand die Tochter des Waldhühnchens eine gekochte Raupe und kleine Stückchen verkohlter Blätter im Wald. »Aha, mir scheint, die beiden essen ihre Nahrung gekocht!«

In der Nacht gingen Kaiman und seine Frau wie üblich davon. Die Sonne stand schon hoch am Himmel, als sie am nächsten Tag zurückkamen. Die anderen versammelten sich um die beiden und richteten es so ein, daß Kaiman in der Mitte saß. Kaiman bekam ganz schlechte Laune. Er hatte ein Körbchen bei sich, auf dessen Grund er die gekochten Raupen versteckt hatte, von denen er immer aß, und oben drauf lagen die rohen Raupen, von denen er den anderen anbot. Die aber wollten das Feuer und versuchten, ihn zum Lachen zu bringen.

Der Kolibri fing an, Musik zu machen, indem er an seiner Bogensehne zupfte, und Vogel Bobo machte es ihm nach. Alle Yanonámi, die damals sehr zahlreich waren, waren zugegen. Sie mühten sich sehr um Kaiman und machten viel Lärm. Aber Kaiman nahm davon keine Notiz. Er drehte seine Augen gen Himmel, um das Spektakel um ihn herum nicht sehen zu müssen. Vogel Bobo spielte den Clown, und alle machten drollige Sachen. Kaiman war aber einfach nicht zum Lachen zu bewegen.

Schließlich kam Tucusito, der rote Kolibri, tanzend und singend herbei und als Kaiman gerade sein Gesicht abwandte, nutzte Tucusito den Moment, um die Gesichter der Umstehenden mit seinen Exkrementen zu beschmutzen. Als Kaiman das Ergebnis sah, konnte er ein schallendes Gelächter nicht unterdrücken, und im gleichen Augenblick schoß das Feuer aus seinem Maul. Vogel Bobo flog sofort auf, um es an sich zu nehmen, und die Frau von Kaiman, die eine Fröschin war, stürzte hinzu und ließ einen Harnstrahl los, um das Feuer zu löschen. Vogel Bobo kam nicht recht hoch, er flog tief, sehr tief. Die Fröschin hätte ihn beinahe erwischt. Da kam Vogel Conoto zu Hilfe, nahm Bobo das Feuer ab, erhob sich in die Luft und brachte das Feuer auf einen hohen Baum.

Der bestohlene Kaiman war sehr erbost und verwünschte die anderen: »Ihr, die ihr euch des Feuers bemächtigt habt, das Feuer wird euch fressen, wenn ihr sterbt. Ihr werdet nicht länger ewig sein, sondern verbrennen. Ich aber bleibe unsterblich, dort, wo die Wasser ihren Ursprung haben.« Dann verschwand er.*

---

* Quelle: El origen del fuego
in: Lizot, Jacques: El hombre de la pantorrilla prenada y otros mitos Yanomami
Fundación la Salle de Ciencias Naturales, Monografia No. 21, Caracas 1974
(freie Übersetzung)

Die Scheidung

Nachts vernahm ich nur den Schrei, die erregte Diskussion, den dumpfen Schlag, das Röcheln. Und dann wieder die erregten Stimmen. Ich blinzelte durch die Dunkelheit hin zum lodernden Feuer einer der Hütten in unserem ¼-Kreis-Dorf.

Aber was ich sah, schien mir alltäglich: Da hatten sich einige gestritten und nun versuchten sie, sich zu einigen. Ein anderer lag neben dem Feuer. Ihn schien der Lärm überhaupt nicht zu interessieren. Wie mich. Ich drehte mich auf die andere Seite und schlief bald wieder ein.

Ein Alptraum ließ mich bald erneut hochschrecken: Ich war Missionar bei der New Tribes Mission geworden und dann gestorben. Nun stand ich vorm Jüngsten Gericht und ein gestrenger Richter fauchte mich an: »Wie konntest du dir anmaßen, die Indianer zu deinem Glauben umzuzwingen?«

»Weil er der einzig richtige ist!«

»Wer hat dir das gesagt?«

»Keith Wardlaw.«

»Und das hast du geglaubt?«

»Keith hat gesagt, es gäbe keine Zweifel. Die Bibel sei der Beweis.«

»Du bist dumm und arrogant. Hast du keine eigene Meinung?« Der Richter blätterte im Buch.

»Du gehörst in die Hölle«, entschied er. Ich bettelte und flehte und bat, Keith zur Verantwortung zu ziehen, er habe mich überredet. Aber Keith war nicht da.

»Diese Verantwortung trägst du ganz allein.«

Er schnippte mit den Fingern und – ich plumpste in die Hölle. Als ich mich erhob, schmerzte mein rechter Hüftknochen. Ich war aus der Matte gefallen. Des Richters Schuldspruch, der Plumpser in die Hölle und ein erneuter Schrei vom anderen Ende der Maloka hatten mich wohl zusammenfahren lassen.

Es dämmerte, und mir dämmerte jetzt, daß es sich nicht nur um einen einfachen Zwist gehandelt hatte.

Ein etwa 25jähriger Mann lag blutend in seiner Baumrinden-

Matte. Er erbrach sich und stöhnte. Die Augen waren geschlossen. Eine junge Frau kniete neben ihm und versuchte, mit beschwörenden Handbewegungen die Schmerzen zu vertreiben.

Als ich sah, daß niemand der Umherhockenden ihm besondere Hilfe angedeihen ließ, wagte ich, mich einzumischen, die Frau anzusprechen: »Willst du ihm zwei Schmerztabletten geben?«

Die Frau nahm die Medizin wie selbstverständlich. Wir lösten sie in Wasser auf und flößten dem Verletzten den Trunk ein. Dabei blinzelte er uns mit trübem Blick an. Aber er schluckte ihn hinunter. Dann lag er wieder still und schien zu schlafen.

Von den anderen Indianern erfuhr ich nun, was passiert war. Demnach war gestern abend Piyomai*, die Frau die den Mann jetzt betreute, aus dem Wald aufgetaucht. Sie hatte nur ihre Hängematte auf dem Rücken. Sonst nichts. Wortlos hatte sie das Lager betreten, ihre Matte neben die des Mannes gebunden.

Wenn eine Indianerin ihre Hängematte neben einen Mann hängt, dann heißt das, daß sie mit ihm zusammenleben will – Eheschließung auf Yanonámi.

In diesem Falle aber hatte sich die schöne Piyomaï von einem anderen Mann getrennt. Sie hatte ihr gemeinsames Dorf verlassen, war allein durch den Wald gekommen und hatte sich für Hiputu, den 25jährigen jungen Mann entschieden.

Das hatte dem zwangsgeschiedenen Erstmann offensichtlich nicht gefallen. Gegen Morgen war er hier aufgetaucht. Nach heftiger Diskussion hatte er seinen Nebenbuhler zu einem Stockkampf herausgefordert.

Bei den Yanonámi ist der Stockkampf Tradition. Wenn man einander böse ist, reagiert man sich im Duell ab.

Die meisten Yanonámi haben am Hinterkopf eine kahlgeschorene Stelle – die Tonsur. Denn dorthin schlägt man sich, Schlag um Schlag abwechselnd, mit einem besenstieldicken Stock und vor allem mit voller Wucht. Unsereins läge nach einem einzigen

---

* Obwohl in Yanonámi-Sprache, so ist auch dies bestimmt nicht ihr wahrer Name.

Streich mit gespaltenem Schädel am Boden. Aber bei den Yano-námi scheint diese Kopfstelle besonders hart zu sein.

Sie halten die Stelle still hin wie eine Krähe dem Gegner das Auge und erwarten den Schlag. Die Haut platzt auf, das Blut fließt, der Getroffene schüttelt benommen den Kopf. Doch schnell ist er wieder klar. Und nun hält der andere still und erhält seinen Anteil. Meistens gibt es mehr als je einen Schlag. Mitunter endet das Duell tödlich. Aber in jedem Falle ist der Streit dann beigelegt.

Man ist abreagiert und umarmt sich: »Ich habe keine Wut mehr gegen dich. Wir können wieder Freunde sein.«

So auch hier bei der Scheidung. Der betrogene Ehemann hatte seinen Kontrahenten einmal (und gründlich) geschlagen. Damit war die Scheidung von ihm akzeptiert und »vergessen«. Er schaukelte jetzt ein paar Matten weiter, als sei gar nichts geschehen. Über einem Feuer trocknete er drei Blätter Tabak, die ihm jemand geschenkt hatte, und »baute« sich dann davon seine Tabakrolle.

Mit einigen Bananen und etwas Schweinebraten als Wegzehr zog er schließlich wieder von dannen.

Die Hunde bellten hinterher. Der Wald verhüllte ihn schon nach wenigen Metern. Piyomaï lebte nun mit uns.

Hiputu brauchte drei Tage, um wieder ganz der alte zu sein. Ich gab ihm weiterhin Schmerztabletten und reinigte seine Platzwunde. Es würde seine erste Narbe werden. Andere Männer tragen mit Stolz schon mehrere zur Schau.

Wenn ich mit den übrigen Männern auf die Jagd oder zum Fischen ging, ließ ich seiner Frau einige Tabletten zurück und erklärte ihr am Sonnenstand, wann sie sie ihm zu geben hatte.

Hiputu erwies sich für die Hilfe sehr dankbar. Als er aufstand, umarmte er mich und nahm mich mit auf seine Streifzüge. Er lehrte mich, die haltbaren Kiepen flechten, zeigte mir einige der Zutaten für Curare und das Rauschmittel Epená.

Und er zeigte mir, wie er Fische aus den überschwemmten Wäldern holte: mit Hilfe einer 100 m langen Palmfaserleine, 20 cm über dem Wasser von Baum zu Baum gespannt, alle 5 m einen meiner Haken mit roter Beere – ich gab diesem Patent keine Chance.

Doch Hiputu verrichtete die Arbeit so selbstverständlich, wie unsereins in den Garten geht, um einen Kopf Salat zu schneiden.

Nachdem der Indio dann eine zweite Leine angebracht hatte, gingen wir, brusttief im Wasser watend, zurück zur ersten. Schon von weitem sah ich, daß sie stark vibrierte. An sechs von achtzehn Haken hing je ein Fisch. Eine tolle Ausbeute! Nur einer war inzwischen von Piranhas am Rücken um vier tischtennisballgroße Stücke Fleisch erleichtert worden.

Bei Hiputu, bei Lucio, bei Marco und wie sie alle hießen, verlebte ich den schönsten und informativsten Teil meiner Reise. Dennoch empfand ich nicht nur ungeteilte Freude darüber.

Wenn ich abends in der Matte hing, wurde mir sogar richtig wehmütig ums Herz. Es beschlich mich eine erdrückende Beklommenheit, wenn ich über die Zukunft dieser Leute nachdachte. Ich fühlte mich wie ein Verräter unter ihnen, weil ich der Rasse angehörte, die sie hier von allen Seiten so arg bedrängte. Ich fühlte im voraus eine Mitschuld an ihrem Untergang, weil ich – im Gegensatz zu ihnen – die Gefahren ahnte und mich ihnen nicht mitteilen konnte.

Je mehr ich über alle meine gesammelten Erfahrungen nachdachte, desto mehr verlagerten sich die Schwerpunkte meiner Reise. Das Abenteuer war längst zur Nebensache geschrumpft. Die Problematik der Yanonámi hatte sich in den Vordergrund meines Bewußtseins gedrängt. Es stand für mich fest, daß ich alles, was in meinen Kräften stand, für die Yanonámi tun würde. Ich nahm mir stärker denn je vor, über honorige Publizisten und durch persönlichen Einsatz den Yanonámi Gehör zu verschaffen. Hier im Wald, hier in der Hängematte, hier inmitten des intakten Biotops, entschloß ich mich, Hilfe zu suchen. Ich wollte den Beistand der »Gesellschaft für bedrohte Völker« erbitten und gemeinsam mit ihr überlegen, wie man dem Notschrei am besten weltweit Gehör verschaffen könnte.

Und urplötzlich wurde ich von großer Unruhe gepackt. Was lag ich hier schon seit Tagen müßig im Lager herum? War nicht jeder Tag kostbar? Jede Stunde sogar, weil der Würgegriff durch uns

Weiße immer enger wurde? Es waren ja gar nicht nur die Missionare, die Goldsucher, die Siedler. Es war auch die FUNAI selbst, die zu oft bewiesen hatte, welch unzuverlässiger Partner sie ist. Ihr Hauptanliegen schien stets zu sein, der Regierung gehorsam zu dienen, »gute, brauchbare Brasilieros« aus den Indios zu machen. Sie sollen das Alphabet begreifen, Soldaten werden und die Staatsangehörigkeit erwerben. Noch lieber sähe man es, wenn sie dann den Verlockungen der Städte unterlägen und den Wald räumten, ihn zur totalen Plünderung freigaben. Einer der Köder der FUNAI: Flinten für die Häuptlinge. Devise: Wird der Häuptling schwach, fällt auch der Stamm.

Aber es sind nicht nur diese Kategorien Weißer, die die Kultur der Yanonámi negativ beeinflussen. Sogar Völkerkundler gesellten sich in diesen Reigen.

Die 1956 von einem deutschen Ethnologen noch als Erstentdeckung abgefeierten Surara-Yanonámi (heute unter Häuptling Arakeen) wurden von ihm nur elf Jahre später dem SPIEGEL (19/67) gegenüber als »ein gewandeltes Volk« vorgefunden, »... mit Gewehren bewaffnet, am Kulturschock zerbrochen.«

Aber derselbe Wissenschaftler scheute sich nicht, diesen Stamm weiter zu zerbrechen, seine »Steinzeitstämme« in massivster Weise zu konfrontieren: Als Reiseleiter für Touristen des Reiseunternehmens Thomas Cook Ltd.! Höhepunkte: Man könne »Tapire und Hühnervögel schießen« und habe drei Tage Zeit, »Souvenirs, die gegen Gegenstände der Zivilisation getauscht (wie fair!) wurden, sicher (zu) verpacken.«

Der Versuch scheiterte glücklicherweise kläglich. Aber wer kommt schon selbstlos hierher? Andere Ethnologen wollen ihren »Doktor« an den Yanonámi machen, und bei genauer Analyse kam auch ich nicht ohne Nebeninteressen. Gewiß, ich wollte nichts verändern. Ich wollte einer schwachen Minderheit helfen, nicht verramscht zu werden. Aber dennoch tauschte ich Angelhaken gegen Gastfreundschaft ein, schoß ich Fotos für GEO, suchte ich Stoff für ein Buch. Mit beiden Publikationen würde ich nicht nur mit viel Glück eine Lanze brechen für die

Yanonámi, sondern auch meinen Bekanntheitsgrad erhöhen. Auch ich kam also durchaus nicht selbstlos.

Und die Problematik zu kennen und einfach totzuschweigen, wo ich die Möglichkeiten zum Handeln hatte, erschien mir ebenso negativ.

Der einzige Lichtblick schien mir zur Zeit die »Gesellschaft zur Gründung des Yanonámi-Parks«* zu sein. Sie wurde 1979 auf Privatinitiative in São Paulo gegründet. Seit 1968 aber wurden der FUNAI bereits von Ethnologen, Kirchenvertretern und Juristen Vorschläge unterbreitet, das Yanonámi-Gebiet zu vermessen und zu schützen. Sie wurden allesamt ignoriert.

Im März 1982 war der Gesellschaft (CCPY) der erste Erfolg beschieden. Innenminister Mario Andreazza legte einen Gesetzentwurf für die Gründung des Parks vor. Pogrom, die Zeitschrift der Gesellschaft für bedrohte Völker berichtete, daß das sicherlich auch darauf zurückzuführen sei, daß Ende 1981 ein neuer FUNAI-Präsident sein Amt antrat, von dem es heißt, daß er der indianischen Sache aufgeschlossen gegenübersteht, was man längst nicht von allen Präsidenten sagen konnte.

Wenn der Entwurf Gesetz wird, wird eine Fläche von 7,7 Mio ha zum Reservat gehören. Darüber hinaus sollen Projekte zur medizinischen Versorgung, Erziehung und Dorfentwicklung gestartet werden. So will man die Yanonámi auf den Zusammenstoß mit unserer Welt vorbereiten.

Doch so schön sich die Planungen anhören – noch ist alles ein Entwurf. Noch müssen den Worten Taten folgen. Selbst das endgültige Gesetz kann am nächsten Tag umgestoßen werden. Ob das geschieht, liegt dann in letzter Instanz in der Hand des brasilianischen Präsidenten. Zu oft haben bisher Gouverneure selbstherrlich und aus Gründen der Habgier solche Gesetze wieder umgestoßen. Man hat Straßen durch Parks gelegt, Reservate verkleinert und ganze Stämme einfach umgesiedelt.

Fest steht, daß für die Yanonámi andere Zeiten anbrechen. Auch

---

* Anschrift im Anhang

wir im Rest der Welt befinden uns in einer Zeit krassesten Um-
bruchs seit Menschengedenken. Die Gefahr besteht, daß vor deren Hintergrund das Yanonámi-Problem weggewischt werden
könnte: Weltkriegsgefahr, Überbevölkerung, Arbeitslosigkeit,
Ausverkauf der Natur . . . was zählen angesichts solcher Dramen
8400 Yanonámi?

Wir selbst müssen umdenken mit einer Rasanz, die wir – trotz
Bildung – kaum schaffen können.

Begreifen wir Europäer diesen Wandel schon kaum, hier im
Wald ahnt niemand etwas von der Gefahr. »Deshalb muß die
Hilfe auch von uns, von außen kommen. Es ist unsere christli-
che, unsere ethische Pflicht« (Claudia Andujar, 1. Vorsitzende
der Gesellschaft zur Gründung des Yanonami-Parks).

Je länger ich darüber nachdachte, desto eiliger drängte es mich
heim. Die eigentliche Arbeit würde da erst richtig beginnen.

Schwimmend zurück

Um mit dem Floß zurückzufahren, hatte ich nicht mehr genügend Kanister. Einen hatte der Jaguar erwischt, einen zweiten hatte ich vergraben und aus den verbleibenden zweien konnte ich allenfalls einen Schwimmgürtel basteln, wie ich ihn schon bei der Überquerung des Demini erprobt hatte. Und das erschien mir weitaus besser als wieder tagelang durch die unübersichtlichen Wälder zu laufen.

Meine einzige Sorge waren die Piranhas. Wenn ich tagelang im Wasser hing, erhöhte sich die Chance, doch einmal von einem geistesgestörten angeknabbert zu werden.

»Paß auf, Piranhas reagieren aggressiv auf Rot!«, hatte Tatunca mir irgendwann erzählt. »Und sei vorsichtig, daß du dich beim Schwimmen nicht verletzt, wenn du blutest, geht es sehr schnell.« Ich mußte darauf achten, mich nicht an den unsichtbaren Ästen aufzuritzen. Dazu kam, daß meine Badehose rot war. Ich hatte diese Farbe gewählt, weil ich für die Fotos im eintönigen Grün des Waldes einen Farbtupfen haben wollte. Aber damals war mein Plan noch der, per Plastik-Floß zurückzufahren. Nun hing ich im Wasser und provozierte Piranhas. »Nur nicht leblos dahintreiben lassen, aber auch nie wie ein Idiot planschen!« Beide Verhaltensweisen sind unnatürlich und wecken Interesse bei den Piranhas. Also schwamm ich ruhig und regelmäßig, über den Schwimmgürtel hängend. Weniger, um die etwa 3 Stundenkilometer zu erhöhen als den »gesunden Fisch« zu mimen. War also nur das Signal, das von meiner Hose ausging. »Zieh sie doch aus, du Langsamdenker!«, führte ich wieder meine traditionellen Selbstgespräche. Natürlich! Warum denn nicht gleich? Ich streifte sie ab und klemmte sie unter die Halteseile. War die Gefahr damit gebannt? Hatte ich nun alle Vorkehrungen getroffen, möglichst heil durchzukommen? Statt der Hose hingen nun meine Accessoires freipendelnd im Wasser. Für jeden Kampffisch so richtig mundgerecht!

Dann war die Hose wohl das kleinere Übel. Ich zog sie besorgt und blitzschnell wieder an und vermehrte so die Chancen, meine Anhängsel zu behalten. Schließlich hängen die nicht nur an mir, sondern ich auch an ihnen. Symbiose.

Ich hatte auch die Hoffnung gehegt, auf dem Wasser flotter als im Wald voranzukommen. Aber der Zeitgewinn fiel buchstäblich ins Wasser. Hier oben, im Quell-Land des Demini, ist der Fluß kühl. Vielleicht waren es 21 Grad. Warm für deutsche Verhältnisse, kalt für Brasilien, zumal, wenn man schwimmt. Nach 3–4 Stunden zitterte ich vor Kälte und lief blau an (vielleicht hatte ich damit die richtige Tarnfarbe gegen Piranhas!). Ich mußte raus und mich am Feuer oder im Schlafsack wärmen.

Zu essen gab es natürlich Fisch. Zehn Meter hinter mir zog ich ständig eine Angel nach. Den Abstand hatte ich extra so weit gewählt. Falls ein Fisch biß, würde er zappeln, und das könnte meine Piranhas auf den Plan locken. Im Eifer des Gefechts würden sie mich dann mit dem Zappler womöglich »in einen Topf« werfen, über einen »Kamm scheren«.

Viermal spürte ich den ganz großen Biß am Haken. Ein Ruck ging durch mein »Boot«. Ich kam zum Stillstand. »Fleisch zum Sattessen!« Ich schwamm flugs ins Flache, um die Leine einzuholen. Da merkte ich dann, daß sich nur der Haken an einem Unterwasserast verfangen hatte. Ein Ast – nicht Fisch, nicht Fleisch.

Da – schon wieder! Ich legte nicht mehr erst an, sondern zog mich gleich an der Leine stromaufwärts, um den Haken zu lösen.

Doch diesmal bemerkte ich recht bald, daß mein Schwimmapparat nebst mir kräftig und gleichmäßig bergauf gezogen wurden! Himmel, welch ein Abendbrot! »Und wenn der mich nun wieder bis ans Gebirge zurückzieht?«, war einer der zahllosen Gedanken, die mir durch den Kopf gingen. Ich kam mir ein wenig ratlos vor. Außer dem »Alten Mann und das Meer« ist das ja nur wenigen widerfahren.

Aber die Entscheidung, was ich tun sollte, wurde mir abgenommen. Mein unsichtbarer Fisch hatte im Unterholz des Ufers Zuflucht gesucht und sich endgültig verheddert. Ich brauchte ihn nur noch herauszuholen und zu essen: Einen ca. 80 cm langen und 15 Pfund schweren Tambaqui.

Trotz der geringen Tagesleistung errechnete ich, daß ich auf dem

Wasserweg doch wenigstens genausogut vorwärts kam wie durch mühsames Marschieren im Dickicht. Ich erlebte auf dem Fluß eine ganz neue Perspektive des Waldes. Da ich lautlos kam, bemerkten mich die vielen Tiere nicht. Immer wieder kam ich bis auf wenige Meter an vor allem Vögel heran. Aber auch Affen genossen den Blick auf den freien Fluß, Schweine grunzten im Wald, Papageien kreischten in den Wipfeln. Längst liebte ich die Flußfahrt und ließ die herrliche Kulisse an mir vorüberziehen: Ein Stück heile Welt, wie sie sehr knapp auf diesem Erdball geworden ist. Ich durfte sie erleben.

Jäh wurde ich aus meinen Gedanken gerissen, als ein riesiger Fischotter meinen Weg kreuzte. Vorwitzig steckte er seinen Kopf aus dem Wasser. Sein Gesicht erinnerte an einen Seehund. Dann blaffte er mich empört an – als wolle er sagen »Mach, daß du weiterkommst, dies ist mein Revier!«

Das schönste aller Erlebnisse aber war die Begegnung mit den Delphinen. Man trifft sie überall in den seeartigen Verbreiterungen der Ströme.

Paarweise umtanzten sie mich und vollführten ihre harmonischen, eleganten Luftsprünge. Welcher Jammer, daß man als Einzelreisender solche Situationen nicht fotografieren kann!

So hatte ich nie Langeweile. Nach zwölf Tagen war das alles zur lieben Gewohnheit geworden und fast hätte ich die Einmündung des Toototobi verpaßt.

Das Geräusch des Katarakts oberhalb des Zusammenflusses hatte mich aus meinen Träumen geweckt. Die Flußreise war zu Ende. Ich stand an jenem Pfad, auf dem Mario mich an den Demini begleitet hátte. Ich stand an dem Punkt, an dem wir uns getrennt hatten.

Von hier waren es drei Tage bis hin zu Arakeen.

Schwein gehabt!

»Hätte ich mich doch bloß öfter umgeschaut, dann hätte ich den Weg garantiert leichter gefunden!«, tadelte ich mich selbst.

Nach nach einem halben Tag merkte ich, daß ich mich – mal wieder – verfranzt hatte. Und nach drei Tagen war es schließlich klar, Rüdiger war nicht nur vom rechten Weg abgekommen, wie Rotkäppchen, sondern sichtbar auch vom Fleisch gefallen. Meine Oberschenkelknochen hatten ihr Muskelfleisch, das sie sonst schützend umgab, zugunsten meines Marsches abgegeben. Der Körper hatte es aufgezehrt. Die Tage im Wasser, während der es nur Fisch gab, hatten den Verfall nur bremsen, nicht aufhalten können. Der Mensch kann nicht allein von Proteinen leben.

Längst war wieder das alte Stadium der Apathie, Einfallslosigkeit und Schwäche erreicht. Nur Hunger kam nicht auf. Fand ich etwas Eßbares, freute ich mich und verzehrte es roh oder in Blättern gegart oder gegrillt. Fand ich nichts, war's auch egal. Das Hungergefühl ließ mich ungeschoren. Bei Arakeen würde ich wieder satt werden können. Darauf war ich geistig eingestellt.

Nach drei Tagen war mir klar, daß ich Arakeen nicht finden würde, daß ich ganz woanders rauskommen mußte. Nichts, aber auch gar nichts kam mir bekannt vor. Das einzige, was stimmte, war die Richtung: Süden. Egal, ob ich östlich oder westlich an seinem Stamm vorbeistapfte, drei weitere Tage später mußte ich dann auf den Rio Aracá stoßen, den Fluß, der nach knapp 800 Kilometern Barcelos erreicht.

Das fehlende Hungergefühl täuschte über die Schwäche hinweg. Längst war es mir klar, daß es nicht das Klima war, was mir zu schaffen machte. Es war die physische Schlappe. Die Füße hatten sich entzündet, weil die Sandflöhe sie nach wie vor zu ihren Lieblingen auserkoren hatten. Die Füße waren nicht nur vereitert, sie waren auch geschwollen. Die Turnschuhe waren, erstaunlich, noch immer heil, aber infolge der ständigen Nässe stanken sie penetrant. Da halfen auch kein Räuchern, kein starkes Erhitzen. Der Gestank blieb. Es schien mir, als verfaulte ich. Wenn ich nach einer Rast zu schnell aufstand, kippte ich sofort wieder um: Kreislaufschwäche.

Die Insektenstiche juckten, ich kratzte mich blutig, die Schienbeine waren vom Gestrüpp aufgerissen. Der Stiel einer wilden Cajufrucht hatte mir bös Zunge, Rachen und Mundwinkel zerätzt. Roh – das wußte ich nicht, ätzt er wie Salzsäure. Kaum konnte ich sprechen. Geröstet schmeckt er wie die herrlichste Nuß.

Salbe gegen alle diese »Lappalien« hatte ich nicht bei mir. Ich war froh, daß ich nichts Ernsthaftes hatte. Was mir blieb, waren Schmerztabletten. Belebende, coffeinhaltige, runde Pillen, die ich jetzt, zusammen mit dem Psychotonicum Captagon einnahm. Ich erprobte sie zum erstenmal. Dabei hatte ich sie schon auf vielen Reisen im Gepäck gehabt.

Aber die Pausen der Rast wurden zu häufig, zu lang. Ich mußte weiter – Arakeen oder den Aracá erreichen. Und deswegen dopte ich mich.

Das Zeug verfehlte seine Wirkung nicht. Die geschwollenen Füße taten nicht mehr weh, ich konnte ganzen Fußes auftreten und kam voran. Ich war heiter und gelöst und liebte den Wald, der mich so schindete.

So zog ich mich, tablettenbegünstigt, chemisch reguliert, allmählich dem Ziel entgegen, immer nach Süden. Ich stolperte über einen Hügel. Urplötzlich – ohne jede Vorwarnung – tat sich vor mir die Erde auf. Was gerade noch normal und absolut harmlos ausgesehen hatte, barst unversehens auseinander. Wohl an die 70 Wildschweine hatten in einer großen Mulde gedöst. In Panik stoben sie auseinander. In alle Richtungen. Die Erde dröhnte. Zorniges Quieken erschreckte mich, so daß ich nur noch reflektorisch reagierte: Ich rettete mich vor der tobenden Masse mit einem Sprung an einen Baum. Das hört sich so einfach an. Denn wenn man keine Kraftreserven mehr hat, ist es schwer, sich an den glatten Stämmen zu halten. Prompt brach das mickrige Ästlein, das meine Hand umkrallte. Mit den Schenkeln allein vermochte ich mich nicht zu halten. Ich fiel in die anstürmenden Pekaris.

Dachte ich gerade noch, ich hätte keine Kraft – wie im Todeskampf war sie zurückgekehrt. Und wie ein Gummiball hüpfte ich zurück an den Stamm, konnte ich die Schrecksekunde der Tiere nutzen. Es war mir klar – lange könnte ich mich bestimmt nicht halten. Solange die Kraftanwallung anhielt, nutzte ich die Chance: mit Schenkeln und einem Arm hielt ich mich einige Nasenbreiten über den Tieren, die genauso von mir irritiert waren wie ich von ihnen. Mit der anderen Hand riß ich den Revolver raus und schoß wahllos zwischen die Schweine.

Unerwartet zeigte das Wirkung. Sie drehten ab und folgten dem stürmenden Troß.

Ausgepumpt, keiner Reserveleistung mehr fähig, rutschte ich vom Stamm.

Da hatte ich siebzig Schweinen gegenübergestanden, hatte aus nächster Entfernung geschossen und kein einziges getötet! Ich war schon eine Pfeife!

Deprimiert nahm ich mein Gepäck auf und setzte mich wieder in Gang. Fuß vor Fuß. Immer nach Süden. Wenigstens war diese Begegnung glimpflich verlaufen. »Schwein gehabt«, dachte ich gerade, als der Slogan Wahrheit wurde: vor meinen Füßen lag ein totes Schwein!

Kopfschuß. Aus. Abendbrot gesichert. Der Freudensatz glich jenen Sprüngen an den besagten Baum.

Ich hatte zu essen! Wie im Schlaraffenland brauchte ich nur noch zu kauen und zu verdauen.

Das Tier sonstwieweit zu schleppen schied aus. Ich schaffte es nicht. So zog ich es nur etwa einen Kilometer weit hinter mir her, bis ich einen Fluß erreichte. Hier hatte ich nicht nur Wasser und Sauberkeit, sondern auch Licht und Ausblick aus der Beengung.

Als erstes gönnte ich mir die Leber. Sie war schneller zubereitet als das Fleisch und war besonders zart und delikat. Dann gab es Filet und als letztes Bouillon. In Ermangelung eines Topfes mußte das Fell herhalten. Ich legte es mit den Haaren nach unten in eine topfähnliche Mulde, gab Wasser, Algen und Schweinefett hinein. Etwas Asche ersetzte das Salz. Drei Steine, die ich im Feuer »glühend« gemacht hatte, wurden abwechselnd mit einer Astgabel hineingerollt. Zischend tauchten sie ins Wasser und erhitzten es in wenigen Minuten. Das Fett löste sich, die Algen wurden weich wie Spinat. Die Suppe mundete vorzüglich.

Mit rundem Bauch wälzte ich mich schließlich in die Hängematte, für die ich einen idyllischen Platz gefunden hatte: unter einem dicken Ast, der über den Fluß ragte. So war ich sogar leidlich gegen Regen geschützt. Und das hatte ich bitter nötig. Denn zum Bau eines Daches war es nun zu spät: Mir wurde speiübel. Schweiß brach aus allen Poren. Meine Beine zitterten, ich erbrach mein gesamtes, mühsam erarbeitetes Abendbrot. Totale Überfressung.

Daß ich daran auch nicht gedacht hatte! Wie hatte Dr. Scheele gesagt: »Fasten kann jeder Narr, aufbauen nur der Weise.« Nun hatte ich das Dilemma. Ich hatte total vergessen, daß ich seit Tagen auf Diät lebte.

Völlig ermattet, fiebrig heiß und zugleich frostgeschüttelt krümmte ich mich in der Hängematte. Die Fische schnappten gierig mein Erbrochenes. Würde ich eine Angel ins Wasser halten – dessen war ich sicher, da unbegreifliches Naturgesetz – würde niemand danach schnappen.

Und dann hatte ich einen Blackout.

Später erinnerte ich mich an Regen, der mich weckte, an erneute Revolten meines Verdauungstraktes und an große Schwäche. Ich hatte nur noch zwei Wünsche: Ruhe und Schlaf.

Aber ganz plötzlich erwachte ich, fühlte mich ausgeruht, gestärkt. Sogar der Unternehmungsgeist war zurückgekehrt. Und gemäßigter Appetit.

Ich entwand mich meinem Hängenetz, balancierte weichbeinig über den Ast ans Ufer und wollte mir ein Stück Fleisch auswählen. Ganz wenig nur. Den Rest würde ich durch- und durchbraten – Konservierung auf indianisch – und mitnehmen.

Doch das Fleisch stank wie die Pest. Fliegen und Ameisen deckten es zu wie eine Decke. »Wie kann etwas in einem Tag dermaßen verderben?«, fragte ich mich und blickte auf den Kalender meiner Uhr.

Und da fand ich des Rätsels Lösung: Ich hatte nicht etwa nur

ein bißchen geschlafen, sondern zwei ganze Nächte und knapp
zwei Tage hatte ich hier gelegen!
Und wieder mußte ich denken: »Schwein gehabt!«

Goldsucher

Auf einmal war ich von drei Hunden umstellt, die mich umtobten und ankläfften. Ich sprang vor einen Baum, um Rückendekkung zu gewinnen und zog die Waffe.
Schon im Ziehen ertönte ein scharfer, kurzer Ruf – wie unser Pfui! oder Aus! – und die Tiere verharrten still und sprungbereit, wo sie standen.
Ein Mann trat aus dem Wald, unterm Arm eine Flinte!
Ich war gerade dabei gewesen, mein Lager für die Nacht einzurichten. Gestern hatte ich das Schweine-Camp und den Waldweg verlassen, um wieder zu schwimmen. Der kleine Fluß schien sich nämlich, zwar in vielen Windungen, aber doch wohl nach Süden zu bewegen. Also in meine Richtung, denn Arakeens Dorf zu finden, hatte ich aufgegeben. Nichts erinnerte mich an den Hinweg, zu viele Tage war ich bereits in Trab. Ich mußte daran vorbeigelaufen sein.
Das Gelände wurde wieder bergig. Der Fluß war flach. Ich konnte häufig darin stehen. Und er war schön warm.
»Boa tarde, amigo!«. Es entfuhr mir ganz spontan, obwohl ich sofort Unbehagen oder gar Furcht verspürte. Immer wieder hatte ich mir diese erste Begegnung mit Weißen im Geiste durchgespielt. »Hüte dich vor den letzten und den ersten Weißen, denen du begegnest!« Wer alles hatte mir nicht immer wieder gerade diesen Rat gegeben. Und er war einleuchtend. Da taucht jemand aus dem Wald auf, ohne Zeugen, mutterscelenallein und schwach. Das mußte einfach für jeden dieser bettelarmen Außenseiter eine unwiderstehliche Herausforderung darstellen.
»So freundlich und gastfreundlich sie einerseits sind, so heimtückisch können sie andererseits sein«, hatte auch Tatunca Nara gewarnt. »Einem Indianer kannst du trauen. Er hat irgendwo eine Zugehörigkeit, seinen Stamm mit allen Gesetzen und Verpflichtungen. Ein Indio tötet in Notwehr, in Zorn, aus Rache oder so. Aber die Weißen am äußersten Rande der Zivilisation sind haltlos, niemandem verantwortlich. Nicht alle sind solide Farmer. Wer zum Beispiel in den Städten von der Polizei gesucht wird, der zieht in den Wald und wartet auf die Chance, Gold zu finden oder – auf dich.«

Viele Gerüchte und Geschichten kursierten in diesem Zusammenhang. Deshalb hatte ich mir immer vorgenommen, nie die erste Hütte anzulaufen. Sie wollte ich auf alle Fälle umgehen, und dann frühestens die zweite aufsuchen. Dann mußte der Siedler damit rechnen, daß ich schon gesehen worden war und dann hätte Polizei im Falle eines Falles meine Spur bereits verfolgen können.

Der Mann, der nun abschätzend auf mich zukam, versetzte mich in höchste Alarmbereitschaft. Er erwiderte zwar den Gruß – aber ich vermißte das wichtige Lächeln.

Deshalb war ich regelrecht erleichtert, als ich mich sehr spontan, lässig und überzeugend sagen hörte »Hallo, ich dachte, meine Freunde wären schon zurück!«

Jetzt wußte er, ich war nicht allein. Es konnte jederzeit Hilfe für mich eintreffen.

Nun, da ich die gefährlichste Spitze etwas abgestumpft hatte, konnte ich ausführlicher werden. Mit einer weitausholenden Bewegung erklärte ich, »wir« kämen von Arakeen und seien auf dem Weg zum Aracá. Ich hätte soeben begonnen, das Lager einzurichten, während die Freunde noch Ausschau nach etwas Fleisch hielten. Sie würden gleich wiederkommen.

Die Augen des Mannes schweiften durchs Lager. Nichts wies auf mehrere Leute hin. »Wir haben nicht viel Gepäck. Jeder trägt sein Bündel selbst, wie eine Schnecke ihr Haus mit sich schleppt.«

Ich gab mich unbefangen und tat, als sei der Wald mir vertraut wie meine Wohnung. Zu gern hätte ich gewußt, wo ich überhaupt war. Aber dann hätte er den Unerfahrenen in mir zu schnell erkannt.

Der Mann war hier des Goldes wegen. »Ohne jeden Erfolg«, wie er sagte. Aber das sagt jeder, hatte mich Oswaldo in Manáus aufgeklärt, weil er Angst vor Beraubung haben muß. Bei diesem schien's zu stimmen. Er war völlig mager und zerlumpt. Nur die Flinte war neuwertig. Vor ihr hatte ich Respekt, weil man sie nur hochzureißen und abzudrücken brauchte. Der Treffer war garantiert. Mein Revolver war das reinste Pusterohr dagegen. Allerdings hatte er nur einen Schuß, ich dagegen sechs. Aber was nutzen sechs Patronen, wenn der erste Schuß des Gegners ein Treffer war?

Ganz in der Nähe hatte der Mann ein Lager. »Komm mit rüber. Deine Freunde können nachkommen.« Was blieb mir anderes, als ihm zu folgen. »Für meine Freunde« markierte ich den Weg mit geknickten Zweigen. An einer Furt stromaufwärts überquerten wir den Fluß, auf dem ich gekommen war. Wir arbeiteten uns durchs dichte Ufergestrüpp und standen schon wieder vor einem Fluß! Ein kleiner nur, ein Nebenfluß, aber flott und munter, überwuchert und getarnt von Grünzeug, mündete er in »meinen« Fluß.

Nur 100 Meter bachaufwärts war das armselige Lager: Eine Lichtung, 10 × 10 m, eine Hütte, zwei Schlafplätze, ein Boot. Nichts weiter.

»Gewaschen haben wir weiter oben«, beantwortete er meine unausgesprochene Frage. »Dort liegt auch mein Freund. Er ist schwer krank. Malariaanfall. Es wird Zeit, daß wir hier abhauen.«

Morgen wollten sie sowieso fort. Die letzten Ersparnisse waren draufgegangen, das Wild war knapp. Zwei Männer am Ende: enttäuscht, verarmt, krank, hungrig. Zwei Menschen, die absolut nichts mehr zu verlieren hatten.

»Ich will jetzt mal meinen Freund holen. Du kannst hier auf uns und deine Freunde warten.«

Der Hagere verschwand mit seinen ebenso dürren Hunden im Wald.

Ich geriet in Panik. Nichts wie weg, stand es für mich fest. Hatte ich es jetzt nur mit einem zu tun, gleich würden es zwei sein. Gleich würden sie auch feststellen, daß ich gar keine zwei Begleiter hatte, daß ich allein war, daß sie mir ... Ich dachte nicht länger nach. Als der Mann außer Rufweite war, steckte ich meinen Schwimmgürtel zusammen, und lief im Bachbett die 100 Meter zurück zu »meinem« größeren Fluß. Dann stürzte ich mich hinein und schwamm ohne Pause. Immer wieder schaute ich mich um. Selbst in der Dunkelheit wa-

ren meine Augen mehr hinten als vorn. Der Fluß schlängelte
stark.

Ich bildete mir ein, im Kreis zu paddeln. Natürlich war das
Quatsch. Das war Panik. Ich zitterte wie Götterspeise mit
Espenlaub und kämpfte um jeden Meter.

Gegen Mitternacht hielt ich es schließlich vor Kälte nicht mehr
aus. Ich kroch ans Ufer in die wärmere Luft, und suchte Schutz
in einer Mulde. Ganz flach spannte ich die Hängematte, um
nicht gesehen zu werden und damit meine Ausdünstungen im
Muldenkessel gefangen blieben.

Trotz der Erschöpfung lag ich noch lange wach. Der Wald war
totenstill. Einmal stürzte entfernt unter Donnern und Prasseln
ein gewaltiger Baum zu Boden. Waren dort Menschen, die sich
Feuerholz suchten? Blödsinn! Es ist mitten in der Nacht!

Um fünf Uhr hielt mich nichts mehr. Ich schwamm weiter. Hinter jeder Kurve erhoffte ich den Aracá und damit die ersten Siedler.

Gegen neun Uhr hörte ich das Tuckern des Außenbordmotors.
Raus aus dem Wasser, in Deckung, Revolver schuß- und Patronen griffbereit – Reaktionen, die mich nur Sekunden kosteten.

Vielleicht war meine Furcht ja unbegründet, alles Vorurteil.
Aber mein Gefühl warnte mich. Zu oft hatte ich ähnliche Begegnungen erlebt und nicht immer waren sie glimpflich abgelaufen.
Wenn ich wartete, bis der andere schoß, war es endgültig zu spät.
Ich wollte nicht etwa als erster schießen; ich wollte blitzschnell
vorbeugen können, ihn in Schach halten, ihn entwaffnen, fesseln
oder sonstwas. Auf gar keinen Fall wollte ich einfach abwarten,
denn spätestens nachdem der Mann in sein Lager zurückgekom-
men war und mich vermißt hatte, wußte er, daß ich gelogen
hatte, daß ich allein war, daß ich etwas zu verbergen hatte. Was
er nicht wußte, daß ich nur meine Angst verborgen hatte.

Das kleine Boot mit dem 2 PS-Motor kam um die Kurve. Vorn,
aufmerksam in die Fahrtrichtung blickend, die Hunde, dann etwas Gepäck und hinten der Mann, den ich kannte. Ach ja – und
da auf dem Boden, zusammengerollt, krank, der andere, wirklich ein jammervoller Anblick.

Aber sollte ich deshalb auftauchen und mich entschuldigen? Na also.

Das Boot zog vorüber. Weder hatten die Hunde noch der Mann mich wahrgenommen. Alle blickten nach vorn. Auch sie wollten nichts wie weg von hier.

Und wie würde ich nun fortkommen? Ich konnte doch unmöglich einfach weiterschwimmen! Sie würden irgendwo rasten, und ich würde ihnen dann in die Arme schwimmen...

Ich schnappte mein Gepäck und arbeitete mich über den niedrigen Bergkamm ins Paralleltal: Kein Tal ohne Fluß. – Ich schwamm den Parallelfluß weiter.

Und gar nicht mal lange. Ein halber Tag war vergangen – da ergoß sich mein Wasser in einen großen Fluß: Der Aracá war erreicht.

Die Männer, so taxierte ich, waren längst über alle Berge, denn mit dem Motor waren sie ungleich schneller als ich. Und sie mußten nicht über den Berg wie ich, sie hatten freie Fahrt.

Es wurde Abend. Zeit zum Fischen. Zeit fürs Camp. Ein schmaler Einschnitt links im Ufergestrüpp zog mich an. Dort konnte ich ohne Mühe ans Land klettern.

Zurück zu Arakeen

Lepra

»Habe ich mich erschrocken! Ich dachte, es ist Carlo.«
Vor Schreck verlor ich den Halt und stürzte ins Wasser zurück.
Die Stimme unmittelbar neben mir im Busch hatte meinen letzten
Nerv geraubt.
Aber noch im Fall merkte ich, wem die Stimme gehörte. Es waren
nicht die Goldsucher. Ich konnte beruhigt sein, entspannen. Ich
war geborgen. Vor mir stand eine alte Frau.
So erreichte ich die Zivilisation.
Die Alte mochte zwischen 60 und 80 Jahre alt sein. Wer kann das
in den Tropen schon genau schätzen. Das Klima schlaucht. Man
altert eher. Ihr Gesicht war von Lepra gezeichnet, von den zehn
Fingern waren nur noch die jeweils ersten Knochenglieder, nur
noch die Stummel vorhanden.
Ich zog mich an den Ästen aus dem Wasser und stellte mich vor.
Ich bat sie, hier übernachten zu dürfen.
Die Frau war froh, Gesellschaft zu haben. Sie besaß ein bescheide-
nes Haus aus Palmblättern, einen Hund, drei Hühner, einen
Hahn und . . . eine Singer-Nähmaschine. Allerdings total verro-
stet.
Hinter der Nähmaschine eine kleine Bank. Darauf nahmen wir
Platz. Mit ihren Fingerstummeln holte sie eine ebenfalls rostige
Dose hervor, in der sich etwas Maniok befand. Sie rührte in den
gelben Krümeln herum und versuchte, mir einige davon in die
Hand zu geben. »Iß, Fremder!«
Ich war von der Armut, der Abgeschiedenheit und der Freigebig-
keit der Alten so beeindruckt, daß ich sprachlos war. Ich nahm die
Nahrung dennoch dankend an und dachte: »Das werde ich dir
vielfach wiedergutmachen.«
Carlos war ein Siedler »weit flußaufwärts«. Hin und wieder kam
er und brachte etwas Nahrung. Hauptsächlich Maniok-Mehl,
aber auch schon mal Bohnen, Reis und eine Handvoll Kaffee.
»Zucker hatte ich schon ein halbes Jahr nicht mehr.« Dazu fing sie
sich Fische und hin und wieder hatte sie ein Hühnerei im Nest.
Die verstümmelte Alte und die rostige Singer-Maschine: zwei

Dinge auf dieser Erde, am Ende ihres Daseins. Momente, die nachdenklich stimmen, die unauslöschlich bleiben.

»Gestern ist hier auch ein Fremder vorbeigekommen. Mit einem Boot. Aber ehe ich am Wasser war, war er schon vorbei.«

Meine Goldsucher waren demnach schon in weiter, in sicherer Ferne.

Wilsons Hütte

Carlos Boot brachte mich den Deminizinho hinauf. »Du bist den Javari runtergekommen. Du bist westlich abgeirrt, wenn du zu Arakeen wolltest.«

Er war am anderen Tag bei der Alten aufgetaucht und hatte ihr Bohnen gebracht.

Ein Hund, eine Flinte, ein Beutel, ein paar Angeln – das war alles, was er im Boot hatte. Seine Hütte hatte er oberhalb von Euricos Laden, oberhalb der Cachoeira dos Indios.

Unerwartet, nach etwa 15 km den Deminizinho aufwärts, spannte sich eine Brücke über den Weißwasserfluß. Ein dünner Baumstamm lag auf scherenartig aufgespreizten Böcken. Eine Liane diente als Halteseil.

An einem Ufer lagen unter einer Überdachung große Ballen Palmfasern. »Hier wohnt mein Freund Wilson.« Carlos wies auf eine Hütte am anderen Ende der mageren Brücke. Wilson, dessen Frau und sechs Kinder in allen Größen schauten neugierig vom hohen Ufer zu uns herab. Sie hatten den Motor schon von weitem gehört und erwarteten uns neugierig.

Wir kletterten die Äste-Leiter zur Hütte hinauf und schüttelten einander die Hände. »Kommt rein und nehmt Platz.« Wilson schien sehr erfreut über die kleine Abwechslung, obwohl wir zwei Esser mehr in der großen Runde bedeuteten, und die bescheidenen Lebensverhältnisse überall deutlich erkennbar waren. Ein winziges Transistorradio fetzte uns Werbespots um die Ohren. Ob Portugiesisch oder Deutsch: man braucht eine Sprache überhaupt nicht zu verstehen, um die penetranten, unnatürlich begeisterten und geistlosen Lobgesänge als Werbung zu identifizieren.

Im Regal eine Uhr, eine Taschenlampe. An der Wand eine Flinte und diverse Wahlplakate. Auch hier der Kampf um jede einzelne Stimme, für die die Parteiwerber mit ihren Booten bis ins letzte Flußrinnsal hinauffahren. Ein Schlüsselanhänger hier, eine typische Waldarbeitermütze mit den Initialen der Partei dort, helfen den Plakaten tatkräftig nach.

Alles Mögliche und Unmögliche wird versprochen. Die Yanonámi jedoch hat niemand auf der Rechnung, wohl aber den grundsätzlichen Indianerschutz. »Sie sind ja auch keine Brasilianer. Dennoch leben die Siedler und die Indios hier völlig friedlich miteinander.« So erzählte es uns Wilson.

Man konnte es glauben, denn es wäre den Indianern ein leichtes, die äußersten Colones, die Siedler, einfach wegzublasen.

»Bleibt ihr über Nacht? Wir haben ein Krokodil geschossen«, wollte Wilson wissen. Kohlrabenschwarz gebraten lag es noch auf dem Grill. Wir blieben. Ein Kaffee wurde bereitet, ein Huhn mußte dran glauben und ein Gläschen Cachaça wurde gekippt.

»Nehmt noch eins!« Mit ihrem Zuckerschnaps sind die Siedler großzügig. Obwohl hier oben – am Ende der brasilianischen Zivilisation – alles genau 50–100% teurer ist als in der Metropole.

»Dazu kommt, daß wir für unsere Ernten 30 Prozent weniger Geld kriegen, weil unsere Patrones zu uns hier oben noch 2000 Kilometer extra fahren müssen. Je näher bei Manáus, desto höher die Bezahlung und desto niedriger die Preise für das, was wir zum Leben brauchen.«

Also wirklich die Ärmsten der Armen. Ihnen kann man den Vorwurf der Indianerverdrängung allenfalls indirekt machen. Sie kämpfen vergeblich darum, wenigstens auf die unterste Sprosse der Wohlstandsleiter zu gelangen. Sie werden es nie schaffen. Teuerste Ware, niedrigste Erzeugerpreise und hohe Kreditzinsen bei den oft kriminellen Händlern. »Ich kann nicht lesen und der Commerciante J. M. nutzte das aus und addierte sogar das Datum zu meinen Schulden. Bis mir ein Padre das sagte.« Um dem vorzubeugen, kommen die Manáuspreise für Kautschuk und Piassaba durchs Radio wie die Nachrichten. »Dadurch haben wir immer Vergleichsmöglichkeiten.«

Der Traum eines jeden Siedlers ist es, näher in Richtung Manáus zu kommen. Aber wann wird da schon mal ein Waldstück frei?! Zu viele Söhne übernehmen die Wälder, sobald der Vater abgibt. Hinzu kommt die Bedrängung durch den Groß-Grundbesitz, der immer mehr Flächen vereinnahmt und die Siedler verdrängt.

Auch hier, wie überall, die Frage: »Was verdienst du in Deutschland?« Sie führte mir das soziale Gefälle zwischen mir und ihnen immer wieder gnadenlos ins Bewußtsein. Und so suchte ich Zuflucht zur Lüge. Längst schon sprach ich nicht mehr von 600 DM pro Monat wie noch zu Antonietta in Manáus, sondern hatte meinen Wert auf 400 DM reduziert. Und selbst das war noch viel. War es schon schlimm genug, daß ich mit dem Flugzeug gekommen war, so genügte allein der Umstand, daß ich mir das Reisen erlauben konnte, daß ich unter ihnen weilte, sie die Ohnmacht ihrer Lage erkennen zu lassen. Das muß doch langfristig zu Unzufriedenheit, Neid und Haß führen. Hatte der Tourismus, auch mein individueller, den ich gern für völkerverbindend halte, nicht auch ebenso schädigende Wirkungen? Um diese große Traurigkeit so gering wie möglich zu halten, betonte ich bei jeder Gelegenheit die einfache Art meines Reisens. Meine fehlende Garderobe und die Magerkeit sprachen ohnehin für sich. Aber der beste Beweis für meine Worte war immer der, wenn ich die Gastgeber ungestört in meiner Ausrüstung wühlen ließ. Jede Nadel wurde begutachtet und diskutiert. Aber nie ist mir, bis auf jenes Repellex bei Arakeens Leuten, je eine Stecknadel abhanden gekommen. Mir schien diese meine Lösung die für mich akzeptabelste. So erschloß ich mir die Herzen vieler Gastgeber eher als der reiche Traveller, der mit viel Geld und Gehabe alle brüskiert.

Wir aßen das Krokodil. So schwarz es von außen war, von innen hatte es schneeweißes Fleisch, das an Huhn und Fisch erinnerte.

Ich hatte immer noch Angelhaken und Tabletten und konnte mich erkenntlich zeigen. Zaubertricks schlossen das Programm ab.

Nach einem eindrucksvollen Gottesdienst in der hauseigenen Kapelle gingen wir schlafen, aber nicht, bevor zwei kleine Öllampen entzündet worden waren, die gegen die vielen blutsaugenden Fledermäuse helfen sollten.

»Wir sind allein am Deminizinho 41 Siedler. Ich bin der letzte«, erklärte mir Wilson am anderen Morgen stolz und bestätigte mir, was auch Eurico mir damals schon gesagt hatte. »Oder der erste, wenn du von oben kommst.«

Einundvierzig Leute, arm wie die Kirchenmäuse und auffallend fromm, die täglich Hunger hatten, die täglich ihr Fleisch forderten, weil die Pflanzenerträge keine Großfamilie ernähren können. So wurde der reiche Wald täglich ärmer, täglich mehr zusammengeschossen. »Vorgestern hatten wir nur einen Arara«, gestand sein verheirateter Sohn. »Die Dinger kochen zwei Stunden und sind dann immer noch zäh.« Dann ernährt man sich vom Maniok. Maniok ist billig und jeder hat davon einen großen Vorrat, wie man bei uns früher Kartoffeln im Keller lagerte.

»Vor vier Monaten habe ich einen Jaguar gefangen. Ein reicher Amerikaner hatte ihn bestellt. Er wollte ihn unbedingt lebend haben.«

Der Sohn baute einen stabilen Käfig, packte einen Affen als Köder hinein und wartete einige Tage.

Und irgendwann war die Großkatze gefangen.

»Das war ein großes Glück, denn die Onça ist hier inzwischen selten geworden. Oben in den Bergen soll es noch viele geben.«

Der Sohn hatte die Katze dann, zusammen mit seinem Vater, per Boot nach Barcelos gebracht. Der Amerikaner war hocherfreut und erstattete den beiden »das Benzingeld und fünfzig amerikanische Dollar! Eine sehr gute Bezahlung.«

»War der Jaguar für einen Zoo gedacht?«

»Für einen Zoo? Nein, er wollte ihn selbst haben. Aus einem
Meter Entfernung tötete er die Katze mit einem sauberen Kopfschuß. Er wollte seinen Freunden später erzählen, er hätte ihn
von weitem und im Wald getötet.«
Jagdgeschichten sind der Inhalt vieler Siedlererzählungen. – Wo
sie ein Tier erwischen können, ist es geliefert. Sie sind durchweg
gute Schützen, zumal mit Schrot. Ein Schuß ist teuer, aber zum
Schießen, selbst auf kleine Papageien, ist ihnen nichts zu teuer.
Wie sollte ihnen der Niedergang der Fauna auch klar werden,
wenn selbst Touristen sich nicht scheuen, einer schnöden Trophäe wegen einen Jaguar zu ermorden? Scheinbar zivilisierte
Menschen also, die auch heute noch glauben, Helden zu sein,
wenn sie mit dem Gewehr, mit Explosionsgeschossen und aus
sicherer, großer Distanz die letzten Tiere vertilgen. Heldentum
war die Jagd mit dem überlegenen Gewehr sicher noch nie, aber
heute grenzt diese Rücksichtslosigkeit schon an Kriminalität. Es
ist eine Versündigung an unseren Kindern, wenn wir ihnen Felle
und ausgestopfte statt lebende Tiere hinterlassen.
Diese Menschen haben noch nicht begriffen, daß wahres Heldentum heute ist, den letzten Spezies aller Tiergattungen beim
Überleben zu helfen, sie laufen zu lassen.
Dieses soll kein polemischer Vorwurf sein, denn der Notstand
der Welt ist eigentlich schlagartig über uns hereingebrochen.
Seit Adam und Eva stand uns Natur uneingeschränkt zur Verfügung. Wir konnten uns frei bedienen. Wir schlugen die Hölzer
ab, wir holten die Schätze aus der Erde, wir vermehrten uns auf
Teufel komm raus. Die Vielfalt des Paradieses Erde schwindet
rapide. Verläßt zur Zeit (1983) noch »nur« eine Tierart pro Tag
diese Welt auf Nimmerwiedersehen, so sind es im Jahre 2000
bereits eine Tierart pro Stunde. (Zukunftsprognose »Global
2000«). Die Erde wird überwuchert mit der Monokultur
Mensch. Und Monokulturen haben sich nie bewährt. Jeder Farmer kann ein Lied davon singen. Wichtig ist die Vielfalt bis ins
kleinste Detail. Es ist also nicht Polemik. Es ist maßlose Traurigkeit. Ich werfe damit keine Steine, denn ich sitze ja selbst in dem
Glashaus. Aber ich fange langsam an zu begreifen, daß man

schon lange nicht mehr alles tun darf, was nicht verboten ist. Es ist hohe Zeit, daß wir alle einsehen, daß wir Menschen – soviel wir auch entdecken und erfinden – immer zugleich auch Teil der Natur sind. Und wenn wir ihr Schaden zufügen, dann fügen wir im gleichen Moment auch uns Schaden zu. Die Natur ist kein Supermarkt, dessen Regale immer wieder aufgefüllt werden. Irgendwann einmal bleiben ihre Regale leer, und wenn wir erst dann begreifen, wird es zu spät sein. Es wird uns gehen, wie jenem Menschen, der solange Raubbau an seinem Körper trieb, bis die Schäden nicht mehr behoben werden konnten. Es war zu spät. Ein für allemal. Für allemal . . .
Werden wir es rechtzeitig begreifen?

In nur einem guten Marschtag erreichte ich von Wilsons Haus die Maloka des Arakeen. Der Weg war wirklich deutlich. Inzwischen hatte ich einen Blick dafür entwickelt. Mein Gepäck durfte ich bei den freundlichen Siedlern stehen lassen. Dadurch kam ich flott voran. In der Maloka traf ich auch Mario wieder. Mit seiner Hilfe fand ich mein Depot ohne große Mühe. Das Wasser war aus den Wäldern abgelaufen. Die Trockenzeit hatte begonnen. Es war September. Die Wege waren gut passierbar. Wir setzten uns unter das Dach des schon früher erwähnten FUNAI-Hauses, um zu rasten. »Bald kommen hier Missionare an. Sie schlagen uns eine größere Landebahn in den Wald für die Flugzeuge der Luftwaffe. Direkt neben unser Dorf.«
Mario erzählte das mit Stolz. Erst später wurde mir die Tragik des ganzen klar, als Sigbert Fimm und sein Freund Horst Knuth aus Kiel von den Surara-Yanonámi zurückkehrten und Augenzeugen wurden: Brian Wardlaw von der New Tribes Mission war mit einem Boot angekommen. Mit Helfern, gewaltigen Motorsägen und einem Top-Equipment griffen sie den Wald an, um sich auch hier eine Christenfabrik bzw. eine Indio-Seelen-Vergewaltigungsmaschinerie aufzubauen. Nebst allem »unentbehrlichen« Beiwerk, den Geschenken.
Schon wieder war ihnen unsere Zivilisation einen derben Schritt nähergerückt.

Euricos Laden

»Iß erst mal etwas. Garcia hat einen Topf voll Bohnen mit Schweinefleisch!«

Eurico, der Händler, tischte auf. Zum Eintopf gab es starken Kaffee mit Zucker und Bolo, selbstgebackene Kuchenfladen aus durchgedrehten Nudeln mit Zucker, Wasser, Eiern – mit Öl in der Pfanne gebacken. Ich dachte, mich tritt ein Pferd. Die ganze Familie stand um mich herum und gönnte mir den Appetit. »Du mußt lange nichts gegessen haben.« Das war nicht schwer zu erraten. Der erste Blick in eine Spiegelscherbe (»Einen richtigen Spiegel haben wir leider nicht.«) ließ mich erschrecken: ein altes, faltiges Gesicht starrte mich an, blaß, hohlwangig, die Augen tief in den Höhlen. Ich, wie ich eigentlich erst mit 75 Jahren aussehen wollte, dürfte.

»Hast du eine Waage, Eurico?« Natürlich hatte er. Resultat: 22 verlorene Pfunde. Aufs Gramm soviel wie nach dem dreiwöchigen Deutschlandmarsch. Und genauso kaputt fühlte ich mich auch jetzt. Ich rollte mich in die Hängematte, schützte mich mit einem Laken gegen die Invasion der zahllosen Piumfliegen und schlief den Schlaf des Erschöpften, des Glücklichen. »Du darfst dir in meinem Laden aussuchen, was du willst, Alemão. Bezahlen kannst du bei meinem Patron Machado da Selva in Manáus. Ich vertraue dir.«

Welch ein großherziges Angebot! So kaufte ich ein: Milchpulver, Cracker, Zucker, Kaffee ... und schwelgte. Ich kaufte nicht nur für mich, auch für die leprakranke Frau stellte ich einen Karton voller Leckereien zusammen, einschließlich Tabak.

Und Mario, der mir geholfen hatte, meine Kamera wiederzufinden, der mich begleitet und mein verbliebenes Gepäck bis zum Laden getragen hatte, durfte sich aussuchen, was sein Herz begehrte.

Neben Lebensmitteln waren das hauptsächlich Pulver, Schrot, Messer, Kaffee, Salz und natürlich auch Tabak.

»Alemão, wenn du wiederkommst, mußt du mir Tabak mitbringen. Ein Indianer braucht Tabak.« Ich versprach es ihm.

Die Kanufahrt

Die Rückfahrt

»Ein Schiff geht erst in dreißig Tagen. Dann kommt mein Patron, um die letzte Piassaba abzuholen, bevor der Fluß gänzlich trockenliegt (Nov.–Jan.) und man nur noch mit dem Außenborder durchkommt.«

Dreißig Tage sollte ich bei Eurico warten! Um Himmels willen!

Ich überlegte hin und her. Das beste wäre ein Kanu mit Außenbordmotor. Aber niemand hatte ein Boot abzugeben oder die Zeit, mich nach Barcelos zu bringen. Eurico mußte den Laden führen, zu dem täglich Siedler angereist kamen, und die Siedler selbst wollten keinen Tag verlieren und die letzte Piassaba schneiden, bevor die Saison zu Ende ging, bevor der letzte Dampfer abgefahren war.

Und um ein Boot zu kaufen, fehlte es mir am nötigen Geld. Ich hatte es zu treuen Händen bei den Eheleuten Katz in Barcelos gelassen.

So beschloß ich, ein Floß zu bauen. Carlos, von Beruf Bootsbauer, fällte mir den erforderlichen Marupá-Baum. Das bessere Molongó- oder gar Balsa-Holz gab es hier nicht. Auch keinen Bambus.

Aus dem Wald beschaffte er im Handumdrehen 300 m Liane als Bindematerial.

In nur vier Stunden war das robuste Fahrzeug fertig.

Vergeblich hatte ich versucht, den ledigen Carlos zu bewegen, mich gegen gute Entlohnung (in Barcelos) in seinem Kanu den Fluß hinunterzupaddeln. (Sein Motor hatte den Geist aufgegeben.) »Zehn Tage brauchen wir mindestens. Aber ich kann nicht. Ich habe starke Schmerzen hier rechts unten im Leib.«

»Kann das etwa dein Blinddarm sein?«

»Daran habe ich auch schon gedacht. Aber es tut mir die gesamte rechte Körperseite weh. Nicht nur diese Stelle.«

Vergeblich versuchte ich im letzten Moment, ihm den Vorteil einer solchen Begleitung klarzumachen: Er konnte seinen Blinddarm reparieren lassen, den Motor dazu, und bekam auch noch

Geld für die Reise, einschließlich der Rückfahrt mit dem Motorboot des Machado da Selva in dreißig Tagen. Aber Carlos wollte nicht.

So vertäute ich meine Kanister auf dem Floß und stieß ab. Der schwimmende Klotz tauchte tief ein. Er war bestimmt 2½ × 2½ m groß und 15 Zentner schwer. Höchstens 5 cm lugten noch aus dem Wasser, wenn ich draufstand. Aber das reichte vollkommen.

Eine lange Stange diente zum Steuern und zum Abstoßen von Hindernissen, auf die ich ständig aufprallte.

Entsetzlich langsam ging die Fahrt voran. Allein für das Stück von der oberen Cachoeira, an der Carlos wohnte, bis zur unteren, an der Eurico seinen Shop betrieb, schlappe fünfzehnhundert Meter nur, benötigte ich über eine Stunde! Dabei hatte ich gehofft, stündlich, auch nachts, mindestens drei Kilometer mit der Strömung zu treiben, bis ich nach einer Woche hoffentlich auf einen Siedler gestoßen war, der mich mit dem Außenborder weiterbrachte.

Die einzig schöne Partie waren die Wasserschnellen vor Euricos Residenz. Mit echter Turbulenz und Schnelligkeit toste das Floß durch das schäumende Wasser. Mein Herz hüpfte vor Freude mit. Das war ganz nach meinem Sinn! Eurico und Carlo standen mit den vorbereiteten Kameras am Ufer, um den »verrückten Gringo« zu knipsen.

Doch dann wurde es mühsam. Von wegen drei Kilometer pro Stunde! Einen einzigen Kilometer und keinen Meter mehr. In jeder Kurve wurde das Floß ans Ufer gedrückt und verhedderte sich in den Pflanzen. Dann hieß es aussteigen und den Koloß schwimmend freiziehen, freistoßen, freizerren.

»Aber immerhin besser als tatenlos dreißig Tage auf den Dampfer zu warten«, tröstete ich mich erfolgreich.

Aber dann hatte das Schicksal doch wieder ein Herz für mich: Carlos' Blinddarm-Schmerzen hatten zugenommen! Ehe ich ihm ganz entschwunden war, hatte er kurzerhand sein kleines Kanu gepackt, seinen Hund mitgenommen, das Haus vernagelt und war hinterhergeeilt.

Ich war gerade einen Tag unterwegs, als er lautlos um die Ecke gepaddelt kam. »Komm, Alemão, wir fahren zusammen.«

Ich war happy. Nichts, was ich lieber getan hätte!

Angenehm flott ging es nun weiter.

Carlos war leidenschaftlicher Angler. Überall »witterte« er Piranhas und warf die Angel aus. Was er fing, reichte kaum für ihn, geschweige für uns beide. Wir mußten uns meine gekauften Lebensmittel teilen.

Der Leprakranken brachten wir das Lebensmittelpaket und schon ging es weiter. Wir passierten die Stelle, wo ich die Begegnung mit den Jaguaren hatte, die Raststellen, die ich auf der Herfahrt kennengelernt hatte, die ersten Siedler.

Carlos nutzte die Mittagspausen, um mit seinem Boot in irgendeiner Lagune zu verschwinden und sein Anglerglück zu versuchen. Ich hingegen stromerte vorzugsweise ins Dickicht. Irgend etwas gab es da immer zu sehen. Waren es das eine Mal »nur« die fleißigen Blattschneiderameisen, die mit Verbissenheit einen Baum entlaubten, so war es bei nächster Gelegenheit vielleicht ein Gürteltier mit seinen Jungen, eine Orchidee, Pilze, epiphytenübersäte Bäume oder hunderte von Schmetterlingen, die wie bunte Teppiche die Erde bedeckten. Und hin und wieder war solch ein Ausflug sogar aufregend. Wie dieser:

Anakonda

Die Belohnung ist angeblich immer noch zu verdienen. Fünf tausend US-Dollar für eine lebende Anakonda von über zehn Metern Länge. Ausgesetzt von der New Yorker Zoologischen Gesellschaft, um dadurch womöglich eine wissenschaftliche Bestätigung all der Gerüchte, der Sagen zu erfahren, die seit ewigen Zeiten in den Köpfen vieler Leute umherspuken. Von weit größeren Anadondas ist da sogar die Rede. Häute von dreizehn Metern Länge sollen gemessen worden sein, und in Venezuela will jemand sogar das Skelett einer fünfunddreißig Meter langen

Schlange am Ufer des Orinoco liegen gesehen haben. Da das Skelett aber kein seriöser Mensch je zu sehen bekommen hat, und Häute beim Gerben auch mühelos in die Länge gezogen werden können, gilt nur das lebende Exemplar als Beweis, und der wurde bis dato nicht erbracht. Ganze neun Meter und zehn Zentimeter maß das größte bisher gefangene Kriechtier, und damit ist die Anakonda die längste Schlange der Welt, dicht gefolgt von Netzpython und Tigerpython in Asien.

Es bleibt auf Amazonas-Reisen nicht aus, daß man allerorts »Augenzeugen« trifft, die da beschwören: »In diesem See hat eine gewaltige Anakonda eine ganze Siedlerfamilie ausgerottet.« Sogar der deutschstämmige Padre Schneider in Tapuruquara am Rio Negro erzählt: »Auch dort zwischen den Inseln an der Mündung des Uneiuxi hat es früher eine gewaltige Anakonda gegeben. Die Siedler kamen weinend und hilfesuchend zu uns in die Mission und flehten: »Padre, Padre, töte die Schlange. Sie hat schon wieder ein Kind geholt.« Und eines Tages sah ich das Tier selbst. Es war größer als ich in meiner Vorstellung je geglaubt hätte. Zwanzig Meter und mit einem Kopf wie ein Benzinkanister. Wir haben es nie schießen können. Es war immer zu schnell in den Fluten verschwunden, und irgendwann ist es aus diesem Gebiet verschwunden.«

Die beste Geschichte in diesem Zusammenhang war aber immer noch die, wo sich zwei arme Caboclos aufgemacht haben sollten, die fünftausend Dollar zu verdienen.

Für sie, die Ärmsten der Armen, die in Manáus ein Leben von der Hand in den Mund führten, wäre es der Hauptgewinn gewesen. Der Treffer des Lebens. Die große Wende. Nach langer Suche entdeckten die beiden Freunde dann tatsächlich in einem großen Sumpfgebiet die gewaltige Kriechspur einer Anakonda. Um das Tier lebend zu bekommen, bauten sie eine Falle aus Baumstämmen, die sie mit schenkeldicken Abständen im Kreis in die Erde rammten.

Was noch fehlte, war ein Ködertier. Aber auch dafür waren bereits Fallen gebaut worden. Denn kaufen konnte man hier nichts. Das Gebiet war unbesiedelt. Man hoffte auf ein Reh, auf ein Schwein, auf einen Affen. Es mußte aber schon ein größeres Tier sein, das man in der Schlangenfalle einsperren wollte. Würde die Anakonda den Köder wittern, würde sie sich durch die Baumstämme hindurchzwängen und das Tier erwürgen und verschlingen. Doch dann wäre sie gefangen gewesen, denn mit dem prall gefüllten Magen, so hofften die beiden Tierfangexperten, würde sie nicht mehr durch die Zwischenräume passen. Sie würde sich dann in der Falle zur Ruhe begeben, und schon hätte man die fünf Mille verdient. Soweit, so gut. Allein, es fehlte das Ködertier. Die Fallen blieben leer, die Verzweiflung der Tierfänger wuchs. War die Schlange überhaupt noch in dieser Gegend, würde ihnen die Belohnung womöglich durch die Lappen gehen? Not macht bekanntlich erfinderisch. Und ehe sich einer der beiden versah, hatte der andere ihn mit dem Gewehr gezwungen, sich selbst in die Falle einzubinden. Das würde nicht nur sein Ende bedeuten, das würde ihn sogar um die ersehnten Dollars, um seinen Anteil, bringen, was sicherlich noch schlimmer war. Sterben, wenn man so arm war – okay. Das mußte und konnte man hinnehmen – aber um seinen Anteil betrogen zu werden, das war schier zum Verzweifeln. Doch der Gefangene hatte Glück. Während er noch damit beschäftigt war, sich selbst mit Lianen ausbruchsicher einzuschließen, schob sich die Anakonda aus dem Wasser. Achtzehn Meter war sie lang und mit viel Sinn für Gerechtigkeit begnadet, sonst wäre sie nicht gerade in diesem Moment erschienen.

Sie schlich sich von hinten an den bösen Partner, der eifrig gestikulierend dem Gefangenen Anweisungen gegeben hatte, und durch eben diese Bewegung das bevorzugte Interesse der Anakonda erregt hatte. Sie schnappte zu, erwürgte und verschlang ihn. Der Gefangene konnte sich indessen befreien, aber er beging einen schwerwiegenden Fehler. In seiner verständlichen Aufregung immer noch zitternd, weil haarscharf dem Tode entronnen, erschoß er den 5000-Dollarschein. Er häutete das Reptil sorgfältig und mühsam, aber er ahnte nicht, daß die Haut als Beweis nicht zählte. Das Geld war futsch.

Und plötzlich, irgendwann gegen Ende der Reise, stand ich

selbst vor einer großen Anakonda. Sie lag fünf Meter von einer stillen Lagune entfernt und genoß die morgendlichen Sonnenstrahlen, die sich durch die Blätterkronen der Bäume tasteten. Ich war nur mit der Badehose bekleidet und hatte ein Messer dabei, und vor mir kringelten sich einige Meter Anakonda. Daß es der 10-Meter-Rekord nicht war, sah ich auf Anhieb.

Ich habe insofern einen Blick dafür, weil ich zu Hause in einem tropenartig eingerichteten Raum Riesenschlangen halte und züchte.

Aber ich schätzte das Reptil auf runde sechs Meter. Sechs Meter reinen Muskels, so dick wie meine Oberschenkel, jedenfalls wie meine Oberschenkel vor der Reise, als sie noch nicht so abgemagert waren wie jetzt.

Sechs Meter, die jetzt unruhig durcheinander ringelten, weil sie mich wahrgenommen hatten. Ich war fasziniert und aufgeregt zugleich. Fasziniert, weil solche Begegnungen so ausgesprochen selten geworden sind, denn große Schlangen sind rar. Kleine können sich eher schon mal verstecken, größere haben es da erheblich schwerer. Und erschrocken war ich gleichzeitig, weil mir meine Schwäche und meine unzureichende Ausrüstung bewußt wurden. Denn fangen wollte ich sie. Das stand fest, als ich ihrer ansichtig wurde. Für ein einziges Foto.

War es auch bei weitem nicht die größte der zoologischen Geschichte, so war sie doch die größte in meiner. Und sie begegnete mir in einem Moment, wo ich überhaupt nicht darauf eingestellt war, einen sechs Meter Muskel zu bändigen, wie das eben immer so im Leben ist.

Auf jeden Fall sprang ich schon mal zwischen die Schlange und das Wasser. Der Fluchtweg war ihr somit erschwert. Sobald sie mich als Gefahr eingestuft haben würde, würde sie diesen Fluchtweg zum Wasser suchen, und da stand oder hampelte ich nun herum.

Schlangen sehen nicht besonders gut. Aber sie haben feinfühlige Bauchnerven, mit denen sie die Bodenerschütterungen wahrnehmen. Sie sehen also schlecht, aber infolge meiner Bewegungen hatte sie mich ausgemacht. Dazu kommt, daß Schlangen gut

riechen. Die meine züngelte und damit »fächerte« sie sich die
Luft in ihr Geruchsorgan im Oberkiefer und wußte jetzt sicher
genau: »Verflucht, irgend so'n Tourist.«
Dem Tier mit einer Astgabel den Kopf zu Boden drücken und es
einfach aufzuheben, erschien mir in diesem Fall mehr als ein
Witz. Es würde um sich peitschen, und mich mit ihren 6 Metern
Leib irgendwie erwischen und umschlingen können. Und wenn
sie dabei meine Arme fesselte, hätte ich ganz schön alt ausgesehen. Die Arme mußten unter allen Umständen frei bleiben, denn
mit ihnen nur könnte ich das Tier notfalls vom Schwanz her ab-
wickeln. Und überhaupt: Wer läßt sich schon gern »erpres-
sen«?
Die Anakonda lag immer noch in mehrfachen übereinanderge-
stapelten Kreisen, deren Windungen vor Aufregung gegeneinan-
der rotierten. Das war mir ein schwacher Trost. Sie war genauso
aufgeregt wie ich. Ihr ging es nicht besser als mir.
Da hatte ich die Idee, wie ich ihr ein Schnippchen schlagen
konnte. Ich brach mir, beinahe ohne hinzuschauen, ein zwei
Meter langes Bäumchen ab, damit hatte ich einen simplen, geraden Stock. Eine Astgabel wäre besser gewesen, aber Astgabeln
waren in jenem Urwald Mangelware. Dann riß ich mir die Badehose vom Leib und zerrte sie mittels der Hüftschnur so eng wie
möglich zusammen, fast auf Wespentaille. Dann stülpte ich die
Hose über meinen Stock und schob sie mit dessen Hilfe dicht
über den Erdboden langsam auf die Schlange zu. Sie hatte ihren
Kopf ganz oben auf ihrem Turm aus Leibesringen und nahm das
nicht wahr. Und während sie für einen Moment den Kopf abwandte, um nach einem Fluchtweg in die andere Richtung Ausschau zu halten, hatte ich ihr den Stoff über das Haupt gezogen,
und im selben Moment verbiß sie sich darin. Auch den Stock
hielt sie fest zwischen den Kiefern. Dann wirbelten die Schlingen. In derselben Sekunde! Eine nach der anderen wand sich um
den Baumstab, den ich dann aus zwei Metern Entfernung so bewegte, daß die Schlange glauben mußte, er wäre ein Lebewesen.
Als hätte sie mich, den Störenfried, erwischt.
Sie sollte möglichst mit dem Kopf in der Hose bleiben, damit sie

blind blieb. Aber im Augenblick hatte ich weder Gelegenheit zu kontrollieren ob er noch in der Hose steckte, noch hätte ich die Hose zurechtzupfen können. Sie befand sich mitten in diesem Knäuel aus Schlangenwindungen. Nach einer Weile hätte ich den Stock loslassen können. Im Augenblick war das Tier mit sich selbst beschäftigt. Es hatte sich selbst gefangen. Sobald es aber keinen Widerstand meinerseits mehr spüren würde, würde es sich als Sieger fühlen, wie sie es im Leben immer gewohnt war. Allmählich würde sie die Umschlingung lockern und in diesem Falle den Betrug merken. Um das zu verhindern, zog ich von Zeit zu Zeit dezent am Stock, was bei ihr ein erneutes Engerziehen der Schlingen zur Folge hatte. Wie kam ich aber jetzt zu meinem Fotoapparat? Unser Lager war nur hundert Meter entfernt. Aber ehe ich hin- und hergelaufen war, so fürchtete ich, konnte sie dem Schwindel auf die Spur gekommen und entkommen sein. Die fünf Meter zum Wasser waren weniger als eine Körperlänge für sie. Ihr kugelig um meinen Baum gewundener Körper bot die Lösung von selbst an. Ich rollte sie vorsichtig vor mir her. Sie hielt es wohl für ein letztes Zucken des umwundenen Opfers, was mir, unumwunden zugegeben, nur recht war.

So kam ich auf zwanzig Meter an die Fotokanister heran, als sie den Schwindel doch bemerkte. Aber da war es zu spät. Ich kappte mir in Ruhe einen zweiten Ast und konnte sie damit relativ mühelos so ablenken und vorsichtig zu Boden drücken, daß ich sie schließlich am Kopf zu fassen bekam. Ohne nennenswerten Widerstand ließ sie das über sich ergehen. Sie war sichtlich ermüdet, denn eine halbe Stunde lang hatte sie ja immerhin ihren magischen Knoten gehalten.

So kam ich schließlich zu meinem Foto und sie danach zurück in die ersehnte Freiheit.

Als Carlos zurückkehrte mit einem winzigen Fisch und seinem ständig knurrenden Magen, war ich heilfroh, daß die Anakonda längst in Sicherheit war. »Gibt's was Neues?«, fragte er. »Ja«, gab ich mich ganz begeistert, »ich habe eine Stelle gesehen, auf der 500 knallgelbe Schmetterlinge wie eine riesige Blüte saßen.«

Nach sieben Tagen in Carlos' hartem Boot konnte ich weder

sitzen noch stehen. Infolge der Abmagerung saß ich direkt auf den Knochen. Das war unangenehm. Auch meine Hängematte als »Kissen« brachte keine Linderung.

So kam uns beiden der kleine Dampfer wie gerufen, der aus einem Nebenfluß auftauchte und uns auflud.

Zwei Tage später waren wir in Barcelos. Es war nachts um 22 Uhr und ein Samstag, als das kleine Boot unterhalb des Oasis-Hotels anlegte.

Im Hotel war noch Hochbetrieb. Wie an jedem Wochenende.

»Gott sei Dank, Sie sind wieder da!«

Friedel und Werner Katz schienen erleichtert. Sie hatten mir viel weniger Chancen eingeräumt, als sie zugegeben hatten. »Aber nun ist alles wieder gut.«

Während Friedel Reibekuchen und Mokka in Angriff nahm, kam Werner bereits mit der Flit-Spritze, um mich zu entlausen. Das Bett wurde neu bezogen, der Ventilator angeschmissen, meine hinterlassene Garderobe rausgeholt.

Ich war zu Hause. Die »Zivilisation« hatte mich wieder – mit Insektenmitteln und Aircondition.

Und trotzdem fand ich keinen Schlaf. Die Enge des Zimmers, der Wind des Ventilators bewirkten Beklemmungen.

Ich schnappte meine treue Hängematte und tapste heimlich runter zum Fluß. Zwischen zwei Bäumen hängend spürte ich Erleichterung. Ein letztes Mal atmete ich den Hauch von Freiheit ein. Dann schlief ich ein.

Das Problem

Das Problem

Die Reise war zu Ende. Nicht damit das Problem. Das Yanonámi-Problem. Man könnte sagen, ein Gesetzentwurf liegt vor,
es wird schon alles werden. Aber das wird es sicher nicht. Jeden-
falls nicht automatisch und womöglich auch nicht so, daß man
das Resultat als optimal bezeichnen konnte.
Zunächst einmal ist ein Entwurf noch kein Gesetz. Ein langer
Weg kann ihm beschert sein bis dahin, bis zur Unterschrift des
Präsidenten. Und infolge der Bodenschätze gibt es genügend
Politiker und andere Spekulanten, die keinen Grund zu beson-
derer Eile sehen. Aber diese Eile ist tatsächlich geboten. Die
Siedler und Goldsucher drängen und strömen. Mit ihnen die
Krankheiten. Ist ein Indianerstamm durch sie dezimiert, ist er
schwach, dann weicht er ins Innere des Waldes.
Er macht Platz am Gebietsrand und erlaubt den Siedlern, als Eigen-
tümer ins Grundbuch eingetragen zu werden. Dies ist dann mög-
lich, wenn sie nachweisen können, daß fünf Jahre lang niemand
Anspruch auf den von ihnen okkupierten Besitz erhoben hat.
Parallel werfen die Großindustriellen ihren Einfluß in die Waag-
schale. Denn letztlich geht es um Millionenwerte an Boden-
schätzen, die bei den Yanonámi schlummern.
Um diese Millionen geht es auch dem Staat. Um aus seiner chronischen Inflation rauszukommen, klammert er sich an jeden
Strohhalm. Allein in den drei Monaten meines Brasilien-Aufent-
halts wertete der Cruzeiro um 24 Prozent ab. Pro Jahr macht das
etwa 100 Prozent. Eine runde Sache. Das dachte sich auch die
Banco do Brasil und verkündete im Herbst 1982 international
ihre Zahlungsunfähigkeit.
Und selbst, wenn das Gesetz zustandegekommen ist, muß das
nicht den großen Frieden bedeuten, die endgültige Lösung. Die
brasilianische Geschichte hat gezeigt, daß einmal geschaffene
Reservate durchaus keine Garantie für die Indianer bedeuten.
Da wurden einmal gesetzlich festgelegte Reservatsgrenzen nie-
dergerissen und die Gebiete aus wirtschaftlichen Interessen dra-
stisch reduziert, da liest man von für die Indianer immer tragisch
endenden Stammesumsiedlungen, von Straßenbauten mitten
durch die Schutzgebiete (z. B. Xingú-Park).

Nur sehr wenige Indianer-Stämme haben die Kraft und die Waffen, sich dem illegalen Siedlerstrom entgegenzustellen, wie z. B. die Paresí, die Tag für Tag und mit der Waffe in der Hand, an ihren Grenzen patrouillieren.

Die FUNAI schreitet in den meisten Fällen leider erst ein, wenn es schon zu blutigen Zwischenfällen gekommen ist. Sie muß sich nach wie vor den Vorwurf gefallen lassen, sich in Bürokratismus selbst zu ersticken und keinen Freiraum für wirkliche Hilfe zu haben.

Nicht selten degradierte sie sich zu Handlangern der Weißen. Statt bedrohte Indianer vor deren Zugriff zu schützen, führte die FUNAI die Zwangsumsiedlungen selbst durch (z. B. bei den Pataschó).

Aber es gibt auch positive Ansätze in der FUNAI.

So sagt man ihrem neuen Präsidenten, Paulo Moreira Leal, nach, mit zur Vorlage des Gesetzentwurfes (Porteria GM/025) beigetragen zu haben.

So sieht der Vorschlag der FUNAI für den geplanten Yanonámi-Park sogar 1,2 Mio. ha mehr an Fläche vor, als die CCPY als Mindestausmaß gefordert hatte.

Und so verlangt die FUNAI von den Missionen, keine religiösen Kriege zu Lasten der Indianer zu führen, was dennoch nicht ausbleibt. Denn auch im Yanonámi-Gebiet gibt es die katholischen Salesianer und die protestantische New Tribes Mission. Mit fast gegensätzlichen Weltanschauungen.

Trotz interkonfessioneller Absprachen missioniert jeder nach Gutdünken. Mit welcher Verbissenheit die einen wie die anderen »Seelen für Christus« zu retten versuchen, hatte ich bei der New Tribes Mission zweimal selbst erfahren, weil ihr Fanatismus auch vor mir keinen Halt machte.

Diese Verbissenheit beklagte auch Salesianer-Bischof Dom Geraldo Verdier in einem Gespräch mit mir: »Bei den NTM-Leuten steht die Bekehrung an erster Stelle und erst nachrangig kommt die Vermittlung des Alphabets, der Hygiene. Bei uns ist das umgekehrt.«

Doch Beschwerden gab und gibt es auch gegen die Salesianer. So legte gerade während meines Besuches bei Padre Casimiro der Tucano-Indianer Gabriel dos Santos Gentil von der Pari-Cachoeira eine schriftliche Anklage gegen die Salesianer vor, in der von »Zerstörung« traditioneller Werte durch Salesianer die Rede ist, vom Druck auf die Kinder, ihre Eltern zu denunzieren, vom Verbot, die Tucano-Sprache zu sprechen, von Nötigung und Züchtigung für konservative Indianer.

Daß es auch Ausnahmen gibt, beweist Padre Casimiro selbst. Gabriel hatte das nötige Vertrauen, seine Beschwerde von ihm auf ihre sachliche Richtigkeit hin durchsehen zu lassen. Casimiro: »Jedes Wort ist wahr.«

Auch der CIMI* läßt Hoffnung keimen. Zum Thema Indianer hat er neue Zielvorstellungen entwickelt, die jedoch noch weit davon entfernt sind, Allgemeingut aller Missionare zu sein:

- Er ist entschlossen, sich für die Sicherung der indianischen Landrechte einzusetzen, die kulturellen Werte der Indianer zu achten.
- Die Sprache wissenschaftlich zu erfassen und zu lehren. Damit erführe sie gleichzeitig eine Wertsteigerung und käme aus der Anrüchigkeit heraus, nur eine »Giria«, ein mieser Dialekt zu sein.
- Die Selbstbestimmung der Indianer zu fördern, ihnen Häuptlingstreffen auf nationaler Ebene zu arrangieren.
- Wiedergewinnung des alten und Etablierung eines neuen Geschichtsbewußtseins (Mythen und aktuelle Politik) zu betreiben.
- Einflußversuche auf den Schulunterricht zu unternehmen, damit dort auch Geschichte aus der Zeit *vor* 1500 n. Chr. *und* aus der Sicht der Indianer gelehrt wird.
- Zusammenarbeit mit nationalen und internationalen Organisationen anzustreben.

Am guten Willen scheint es also nicht zu fehlen, aber guter Wille allein reicht nicht aus. Wichtig wäre nach meiner Meinung, daß

* Conselho Indigenista Missionário, Rat für Indianer-Mission (kath. Kirche)

ein unabhängiges nationales oder internationales Gremium die dem brasilianischen Innenministerium unterstellte und damit abhängige FUNAI kontrolliert. Erst ein solches Gremium könnte einem zukünftigen Park dauerhaften Wert verleihen und auftretenden Mißständen entschlossen entgegentreten.

Trotz allem – aufgrund historischer Erfahrung berechtigtem – Pessimismus sind im Falle der Yanonámi positive Ansätze hoffnungsvoll erkennbar.

Wenn der Gesetzentwurf nicht nur eine Beruhigungsgeste der Weltöffentlichkeit gegenüber sein soll, müßte er jetzt zum Gesetz erhoben werden. Wenn es der Regierung und ihrem Präsidenten (Adresse im Anhang) mit der Absichtserklärung ernst ist, dann sollten sie es jetzt tun.

Der Präsident und sein Innenminister hätten die dazu erforderliche Autorität. Es würde Brasilien gut zu Gesicht stehen, weil es dann in der letzten Minute seiner Indianergeschichte im Buch seiner Indianerpolitik ein Ruhmesblatt einfügen könnte – *das Ruhmesblatt Yanonámi-Park*.

Die Zukunft wird zeigen, ob wir uns alle vor unseren Enkeln schämen müssen, oder ob wir uns im letzten Winkel unseres Wesens noch einen Funken Ethik bewahrt haben.

Zum Papst

Die Idee kam mir schlagartig.

- Bedrückt von der scheinbaren Aussichtslosigkeit des Yanonámi-Problems
- grübelnd nach einer Möglichkeit, mit meinen Kräften helfen zu können
- inspiriert durch Initiativen des Papstes, die gegenwärtigen Weltprobleme – Arbeitslosigkeit, Kriegsgefahr, Umweltchaos – ungeachtet der Konfession gemeinsam zu lösen
- ermutigt durch Green-Peace-Aktionen, bei denen durch spektakuläre Einsätze einzelner Personen weltweit auf Umweltmißstände hingewiesen wurde und beachtliche Erfolge erzielt wurden (Reduzierung der Walfangquoten und der Verklappung von Chemikalien in den Meeren...)

verquickte ich das eine mit dem anderen und entschloß mich, für die Yanonámi einen Bittmarsch zum Papst zu machen.
Ich hätte mein Anliegen natürlich auch schriftlich vortragen können. Ich hätte ebensogut mit dem Flugzeug nach Rom können – aber dadurch wäre die Aktion zu kurzlebig geworden. Ich hätte riskiert, daß diesbezüglich Pressenotizen just an dem Tag unter den Tisch gefallen wären, weil wichtigere Ereignisse die Schlagzeilen beanspruchten. Und am nächsten Tag wird nichts aufgewärmt. Nichts ist älter als die Meldung von gestern. Während eines Marsches jedoch hätte das Anliegen Zeit, aufgegriffen, verbreitet zu werden. Und das erschien mir wichtig. Eine breite öffentliche Stellungnahme für die Yanonámi kann mehr bewegen als ein diplomatischer stiller Brief, dem ebenso diplomatisch nichtssagend wenn nicht sogar abschlägig Antwort erteilt wird.
Es war mir aber auch klar, daß ich allein gegen die Giganten in Politik und Religion auf schwachen Beinen stand. Ich brauchte Unterstützung. Ich brauchte seriöse und bekannte Persönlichkeiten und Organisationen, die der Bitte Nachdruck verleihen

konnten, die sie stützten. In der »Gesellschaft für bedrohte Völker« fand ich den idealen Partner. Sie hilft bedrohten und verfolgten, rassischen, ethnischen und religiösen Minderheiten. Und was mir noch wichtiger erschien: sie agiert weltweit. Sie kritisiert nicht nur Mißstände im Westen (was ja relativ einfach ist), sondern auch im Osten und in der Dritten Welt.

Die Gesellschaft für bedrohte Völker erarbeitete eine Petitionsschrift und bat dann Prominenz aus allen Bereichen des öffentlichen Lebens, diese Bitte zu unterschreiben.

Was mich überraschte und erfreute: Jeder der Aufgeforderten tat es gern, umgehend und ungeachtet seiner Anschauung. So signierten Mitglieder der verschiedenen Parteien ebenso wie Protestanten und Katholiken, Einzelleute wie Organisationen. Die Spontaneität zeigte mir, daß genügend guter Wille und oft auch persönlicher Mut vorhanden sind. Man muß sie nur wecken.

Dennoch gab es ein großes Hindernis: Anträge auf Audienzen beim Papst laufen ein halbes Jahr und länger. Zu lange für diesen Notfall. Dazu kam die Gefahr, daß dem Antrag vielleicht nicht stattgegeben würde. Täglich treffen viele hundert Bitten im Vatikan ein. Sie werden streng gefiltert, und nur relativ wenigen Bittstellern ist es vergönnt, ihr Anliegen persönlich zur Sprache zu bringen. Nach einer Ablehnung wäre mein Marsch takt- und sinnlos geworden. Er hätte böses Blut gemacht, statt Anerkennung zu erzielen.

So entschloß ich mich nach Abwägen des Für und Wider, einfach loszulaufen, die Sache publik zu machen und dann erst den Antrag zu stellen.

Im April 1983 startete ich an der deutschen Grenze in Garmisch-Partenkirchen und wanderte – diesmal mit normaler Ernährung und Übernachtungen in Gasthöfen – über Innsbruck, Bozen, Modena, Florenz und Siena in gut drei Wochen nach Rom.

Bis zur letzten Stunde blieb es ungewiß, ob die Audienz zustande kommen würde. Was ich falsch eingeschätzt hatte: Grundsätzlich läßt sich der Vatikan nicht nötigen, weil ein solches Nachgeben unweigerlich eine Kettenreaktion auslösen würde.

Daß die Apostolische Nuntiatur in Bonn und der Vatikan in Rom dann doch eine Ausnahme machten, war also durchaus nicht selbstverständlich. Ethische Motive siegten aber schließlich über verständliche, gestrenge Grundsätze. Am 4. Mai 1983 erhielt ich, anschließend an die mittwöchliche Generalaudienz auf dem Petersplatz, die Möglichkeit, Papst Johannes Paul II. die Bittschrift persönlich zu übergeben.

Sein Beraterstab hatte das Anliegen vorab geprüft und ihm zur endgültigen Genehmigung vorgelegt. Er war also informiert. So beschränkte sich die Übergabe auf ein kurzes Zeremoniell. Ich sagte: »Heiliger Vater, ehrwürdiger Papst. Im Namen der Gesellschaft für bedrohte Völker und vieler Freunde bitte ich Sie hiermit herzlich, Ihren starken Einfluß bei der brasilianischen Regierung geltend zu machen, damit den letzten noch freien Yanonámi-Indianern sofort und wirksam der versprochene Schutz gewährt wird.«

Dabei überreichte ich ihm neun Baccara-Rosen, »symbolisch für die 9000 Yanonámi-Indianer, und um damit die Hoffnung auszudrücken, die wir in Sie und die brasilianische Regierung setzen, die Sache zu einer christenwürdigen Lösung zu bringen«.

Der Papst nahm die Petition in Empfang und antwortete in deutsch, er sei über den Vorgang informiert worden. Und dann wörtlich:

> »Ich werde mich dafür einsetzen!«

Hoffen wir, daß seiner Intervention Erfolg beschieden wird.

In eigener Sache

Liebe Leser!
Kein Buch kann allen Lesern alle Fragen beantworten. Auch meine Bücher nicht. Sie können mir gern schreiben, wenn Sie konkrete Fragen haben. Beantwortung von Briefen ist mir Ehrensache, aber auch für Sie sollte es Ehrensache sein, mir nicht Fragen zu stellen,

- deren Beantwortung sich aus den Büchern ergibt
  (»Wie wurden Sie Abenteurer« oder »Welche Maße hat Ihr Überlebensgürtel«)
- die von mir erfordern, lange Abhandlungen zu schreiben
  (»Was fühlt man in Momenten, wenn . . . ?«)
- oder Fragen, die Ihnen ein Reisebüro besser beantworten kann als ich (»Ich will in ein Land. Das heißt Mallorca. Wie muß ich mich da vorbereiten? Arbeiten Sie mir mal ein knallhartes persönliches Trainingsprogramm aus.«)

In solchen Fällen, und wenn dann nicht einmal ein frankierter Rückumschlag beigefügt ist, trete ich in den Streik. Ist das ein faires Agreement?

Ihr Rüdiger Nehberg
(Adresse im Anhang)

Anhang

Ausrüstungsliste

(Reduzierte Ausrüstung nach Anlegen des Depots)
2 Weithals-Schraubkanister (20 l Inhalt) mit Kopfgurt
1 Uhr mit Datum
1 Badehose
1 Spiegelreflex-Gehäuse
1 Weitwinkel 24 mm
1 90 mm-Macro-Objektiv
30 Filme
Dünnes Schreibheft als provisorisches Nottagebuch
1 Lexikon Portugiesisch-Deutsch
1 Wörterliste Yanonámi-Deutsch
  Kugelschreiber-Minen
  Turnschuhe
  Schlafsack
  Hängematte

Überlebensgürtel

32er Revolver und 56 Patronen
Dolch
Mundharmonika
Getarntes 1-Schuß-Gerät
Kompaß
20 m Perlon-Seil, 3 mm
Taschenmesser
Angelhaken
Sehne
Feuerzeug
Malaria-Tabletten
Schmerztabletten (schwache und starke)
Wurmtabletten
Pflaster

Mullbinde
Elastikbinde
Schere
Pinzette
Stopfnadeln
Arterienabbinder
Antibiotica (auch Salbe)
Heilsalbe
Protigmin (gegen Curare)
Cortison (zum Kreislaufstabilisieren)
Captagon (Psychotonicum)
Pervitin (für ein letztes Aufputschen)
Zyankali (wenn Pervitin nichts mehr gebracht hat)

Adressen

1. Exmo. Sr. João Figueiredo
   D. D. Presidente da Républica
   Palacio do Planalto
   Brasilien – 70000 Brasília, D. F.

2. Exmo. Sr. Cel. Otávio Ferreira Lima
   D. D. Presidente da FUNAI
   SIA Trecho 4
   Conjunto 750
   Brasilien – 71 1200 Brasília, D. F.

3. Exmo. Sr. Mario Andreazza
   D. D. Ministro do Interior
   Ministerio do Interior
   Setor Autarquias Sul,
   Quadra 1, Bloco 10,
   Brasilien – 70070 Brasília, D. F.

4. Comissão pela Criação do Parque Yanonámi (CCPY)
   Claudia Andujar
   Rua São Carlos do Pinhal, 345
   Brasilien – 01 333 São Paulo, S. P.

5. Survival International
   36, Craven Street
   GB – London WC 2 N 5 NG

6. Gesellschaft für bedrohte Völker
   Tilman Zülch,
   Postfach 2024
   D – 3400 Göttingen
   Spendenkonto: Nr. 7400-201
   Postscheck Hamburg
   Stichwort »Yanonámi«

7. World Wildlife Fund
   Sophienstraße 44
   D – 6000 Frankfurt 90

8. Rüdiger Nehberg
   Friedrich-Ebert-Damm 85f
   D – 2000 Hamburg 70

Literatur zum Thema Yanonámi

Biocca, Ettore Yanoáma – Ein weißes Mädchen in der Urwald-
hölle, Ullstein 1972 (vergriffen)

Becher, Hans Poré/Perimbo. Einwirkungen der lunaren My-
thologie auf den Lebensstil von drei Yanonámi-Stämmen: Surára, Pakidái und Ironasitéri. – Hannover 1974.– (Völkerkundl.
Abhandl. Bd. 6)

Becher, Hans Die Surára und Pakidái. Zwei Yanonámi-Stämme
in Nordwestbrasilien. – Hamburg 1960.– (Mitteilungen aus d.
Museum f. Völkerkunde in Hamburg, Bd 26.)

Becher, Hans Yanonámi. Neue wissenschaftliche Erkennt-
nisse über die älteste Bevölkerungsgruppe Amazoniens. –
Göttingen 1962.– (Vortragsreihe d. Nieders. Landesregierung
zur Förderung d. wissenschaftl. Forschung in Niedersachsen,
H. 23.)

Chagnon, Napoleon A. Studying the Yanomamö.– New York
1974. –(Studies in anthropological method.)

Chagnon, Napoleon A. Yanomamö. The fierce people. – New
York 1968.– (Case studies in cultural anthropology.)

Cocco, P. Luis Iyëwei-Teri (spanisch) Escuela Técnica Popular
Don Bosco Boleíta, Caracas, Venezuela, 1972

Gesellschaft für bedrohte Völker, Der Völkermord geht weiter,
rororo-aktuell Nr. 4839

Hanbury-Tenison, Robin Ureinwohner des Amazonas-Regen-
waldes, Time-Life

Lizot, Jaques Im Kreis der Feuer, Suhrkamp Verlag, Frankfurt
Pogrom (Zeitschrift der Gesellschaft für bedrohte Völker), Ausgabe April 1983

Polykrates, Gottfried Beiträge zur Religionsfrage der Yanonámi-
Indianer. – Kopenhagen 1974. – (Publications of the National
Museum. Ethnographical series no 14.)

Polykrates, Gottfried Wawanaueteri und Pukimapueteri. Zwei
Yanonami-Stämme in Nordwestbrasilien. – Kopenhagen 1969.
– (Publication of the National Museum. Ethnographical series
No 13.)

Smole, William J. The Yanoama Indians. – Austin & London 1976.–

Trupp, Fritz Die letzten Indianer, Perlinger-Verlag, Brixentaler Str. 61, A-6300-Wörgl

Zerries, Otto Mahekodotedi. Monographie eines Dorfes der Waika-Indianer (Yanoama) am oberen Orinoco (Venezuela). – München 1974.– Ergebnisse d. Frobenius Expedition 1954/55 nach Südost-Venezuela, Bd. 2)

Zerries, Otto Waika. Die kulturgeschichtliche Stellung der Waika-Indianer des oberen Orinoco im Rahmen der Völkerkunde Südamerikas.– München 1964.– (Ergebnisse d. Frobenius-Expedition ... Bd. 1)

Danksagung

Was wäre ich, was wären meine Reisen ohne die stillen Helfer im Hintergrund, die mir stets mit Rat und Tat zur Seite stehen?! Unbekannt. Nichts.
Deshalb möchte ich Euch, liebe Freunde, bei dieser Gelegenheit einmal ganz herzlich danken!

Claudia Andujar (CCPY) für die schnelle Beantwortung meiner Fragen.

Jürgen Ahrendt für die sorgfältige Filmarbeit

Padre Casimiro Beksta für wertvolle Informationen und Dolmetscherdienste

Barbara Bentley (Survival International) für die schnelle Beantwortung meiner Fragen

Walter Besler für die Demonstration der Allgäuer Gastfreundschaft

Klaus Denart für die Beschaffung auch unkonventioneller Ausrüstung

Ilse Drews für die Pflege meiner Schlangen

Caroline und Heinrich Fromme, meinen Schwiegereltern, für ihre Tochter, meine Frau

Norbert Georg für tatkräftige humanitäre Unterstützung

Johanna Gerdts für die ethnographische Korrektur meines Manuskripts

Eduard Geyer für die Demonstration der Allgäuer Gastfreundschaft

Rudolf Gutzki für die gute Stellvertretung in der Konditorei

Anne Heimhold für die ethnographische Beratung

Jürgen Hellfritz für die Buchberatung

Joachim Jessen für die Buchberatung und das Korrekturlesen

Henner Kamlade für Hilfe bei schwierigen Basteleien

Friedel und Werner Katz für Gastfreundschaft

Ilse Kaun für die gute Geschäftsführung

Jürgen Krohn für Hilfe bei schwierigen Basteleien

Arnold Kruse für den guten Ton beim Deutschlandmarsch-Film

Peter Lechhart für die Beschaffung auch unkonventioneller Ausrüstung

Detlef Lerch für Buchberatung und Korrekturlesen

Dr. Herbert Lieske für medizinische Beratung und Versorgung

Klaus Lucht für seine Begleitung während des Deutschlandmarsches und die wertvolle Freundschaft

Margrit Ludwig fürs dreimalige Tippen meines unleserlichen Manuskripts

Duri Mayer für die vorbildliche Assistenz beim Filmen

Käthe Meentzen für humanitäre Unterstützung

Meinen Mitarbeitern für Einsatz und Zuverlässigkeit

Majid Nassar für medizinische Ratschläge und Versorgung

Lieselotte, Maggy und Kirsten Nehberg für meinetwegen ertragene Bauchschmerzen und die dennoch ständige Billigung meiner Reisen

Oswaldo Prader für seine brauchbaren Waldläufer-Tips

Dr. Helmut Scheele für seine wertvollen Hunger-Tips

Christine Schmidt für Initiative und Sorgfalt in Sachen Deutschlandmarsch-Film

Horst Schüler für seine immer wieder angenehm sachliche Berichterstattung

Bischof Dom Geraldo Verdier für Informationen

Ida und Karl Walther für nachbarschaftliche Betreuung

Heike Wehling für die gute Geschäftsführung

Roland Westphal für die kameradschaftliche Begleitung am Anfang meines Deutschlandmarsches

Christine Williams for excellent interpreter services

Rolf Winter und seinem Team von GEO, weil sie meine Reportage der guten Sache wegen genommen haben, obwohl sie fotografisch nicht unbedingt geowürdig war

Claus und Rudolf Zschimmer sowie Erika für die kostenlosen Sonderanfertigungen von Zelt- und Regenplanen

Tilman Zülch für die tatkräftige Unterstützung durch seine »Gesellschaft für bedrohte Völker«

Ihr seht: Ihr seid mein Benzin. Ich bin nur der Motor.

Euer

Rüdiger

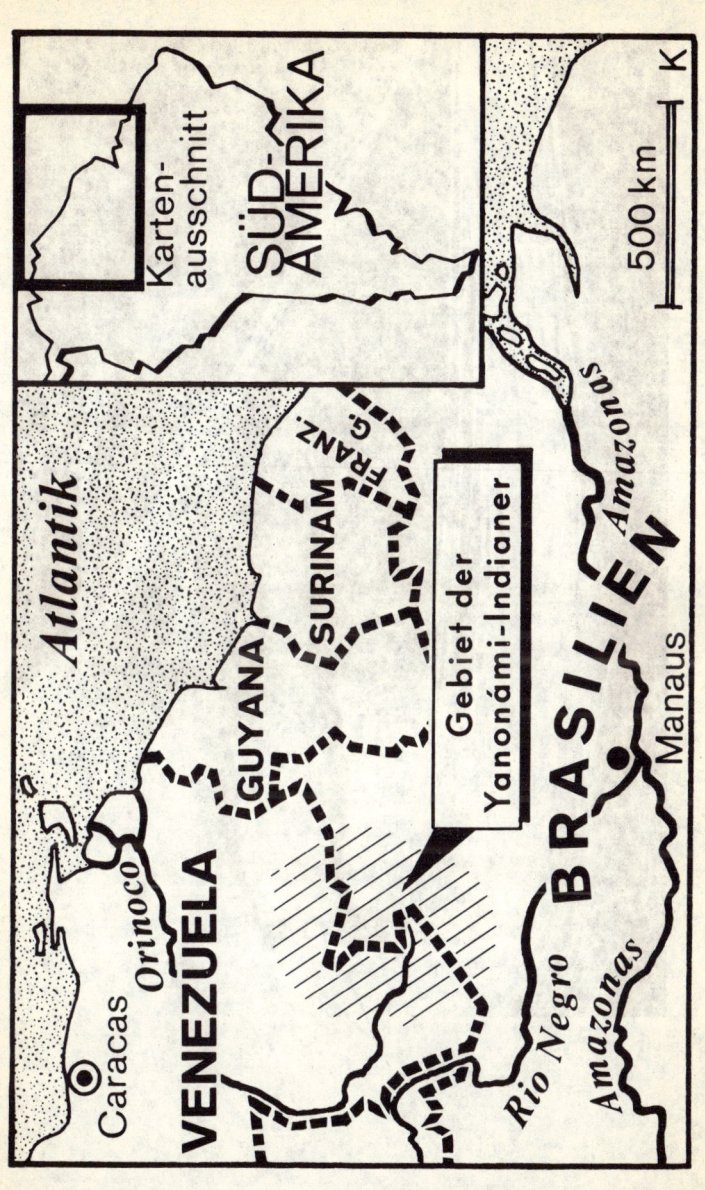